EVA PORTO SOTO

@evaportorrhh

¿Qué hago con mi vida?

Revoluciona tu búsqueda de empleo

T0046204

montena

Papel certificado por el Forest Stewardship Council®

Primera edición: junio de 2022

© 2022, Eva Porto Soto
© 2022, Penguin Random House Grupo Editorial, S. A. U.
Travessera de Gràcia, 47-49. 08021 Barcelona

Printed in Spain – Impreso en España

ISBN: 978-84-18798-62-7
Depósito legal: B-7.558-2022

Compuesto en M. I. Maquetación, S. L.

Impreso en Gómez Aparicio, S. A.
Casarrubuelos (Madrid)

GT 9 8 6 2 7

A mi padre y a mi madre, gracias por darme la vida
y dedicar cada minuto de la vuestra a cuidarme,
apoyarme y quererme.

A Alba, por tu comprensión y amor incondicional
incluso en mis peores momentos.

A Uxío, por confiar en mí más de lo que yo lo hago
y ser la mitad de este proyecto.

Índice

Capítulo 1

Estrategia
Define tu objetivo

Imagina que estás dentro de una pista de baloncesto, aunque fuera del horario permitido. **Tienes que encestar para poder salir de la pista**, pero jamás lo has intentado, ni te han enseñado. Surgen los nervios y empiezas a lanzar rápido pensando solamente en que está mal visto estar allí y quieres irte cuanto antes.

¿Crees que la pelota va a entrar en la canasta?

Pues esto mismo es lo que sucede cuando empiezas a buscar trabajo.

Al finalizar nuestros estudios, después de años siguiendo el mismo patrón de «Se acabó la ESO, ahora me apunto al Bachillerato. Terminé Bachillerato, toca apuntarme a la universidad», de repente se acaban y te encuentras en la nada:

no hay nadie para guiarte, ni para fijarte fechas de trabajos, objetivos...

Lo único que sabes es que desde ese momento perteneces al supuesto colectivo «nini». Si vives con tu familia, ya sientes que eres una carga para ellos y **la única manera de cambiar eso es encontrando un trabajo**. Lo habitual es que empieces a revisar algún portal de empleo y te frustres al ver que no hay ofertas para ti. Entonces piensas:

«¿Qué hago con mi vida? ¿Por qué nadie me explicó esto antes?»

Cuando por fin consigues encontrar alguna oferta que no pida experiencia y te llaman, **surge la ilusión**. La ilusión de sentirse bien con uno mismo porque lo has logrado: **pertenecer a la parte activa del país y poder compartirlo con tu entorno**, esos que te miraban con lástima cuando les explicabas que no encontrabas nada. Después de la entrevista, vuelves a no saber **qué se espera de ti** y la historia termina contigo esperando una deseada llamada porque te han dicho que si te descartan también te van a avisar. **Revisas mil veces al día el teléfono**, compruebas si tiene volumen y te preguntas si darás la impresión de ser una persona muy desesperada al llamar para preguntar.

Esto que parece una historia triste es lo que viví y viven infinidad de jóvenes al tratar de incorporarse a un mercado laboral que no te acoge.

Lo que falta por contar es que esta historia también puede ser un capítulo increíble de tu vida:

un reto donde tú tomas las riendas de tu trayectoria profesional y dejas de esperar una oferta. Un periodo donde te conoces a ti mismo y desarrollas tu iniciativa, creatividad, resiliencia... Un momento vital del que no hay que avergonzarse ni escapar; **sino vivir, entender y llegar a la meta sin perderse por el camino**. No hay que huir de esa pista de baloncesto, ni tampoco hay que pensar que está mal estar allí. Hay que sentirse bien, analizar dónde vamos a encestar, informarse sobre cómo hacerlo, practicar y **en ese momento lo logras**.

Sé que *a priori* parece algo utópico, no tener empleo es difícil, **pero tenerlo también lo es**. Imagina trabajar en una empresa donde no estás a gusto, pero no puedes dejarla porque necesitas el dinero. No tienes demasiado tiempo para pensar realmente en lo que quieres o para formarte en otro sector. En esta situación concreta, se necesita una buena organización para lograr otro empleo, lo cual es posible sin duda, sobre todo cuando no tienes uno aún. Al acabar tus estudios, tienes un tiempo perfecto para entender cómo funciona la búsqueda, **fijar correctamente tus objetivos** e invertir el tiempo necesario en conseguirlos. Ese es el motivo por el que he escrito este libro. Quiero guiarte desde el inicio en tu búsqueda de empleo, para acompañarte en las diferentes etapas y **que no te sientas solo o perdido como yo me sentí**.

Seleccionar el puesto objetivo

El primer paso necesario para encontrar trabajo es definir qué puesto o puestos van a ser nuestro objetivo.

Muchas personas empiezan a buscar trabajo sin pensar tan solo qué es lo que quieren encontrar. Esto es similar a tratar de acertar en una diana que **ni siquiera te has molestado en mirar**. Así que queda terminantemente prohibido solicitar cualquier oferta; primero vamos a descubrir qué queremos y así definir nuestro puesto objetivo.

Para definir tu puesto objetivo, tienes que tener en cuenta dos factores:

1. Autoconocimiento. Necesitas conocerte a ti mismo y reflexionar sobre los siguientes aspectos:

- **Intereses**: ¿qué me gusta o me interesa? ¿Qué contribución me gustaría hacer a la sociedad? ¿Prefiero trabajar por mi cuenta o en equipo? ¿Me siento más cómodo en un ambiente formal o informal? ¿Qué aspectos valoro más en un trabajo: salario, autonomía, buen ambiente, dinamismo, proyección, reconocimiento, estabilidad...?
- **Tus competencias**: ¿en qué soy bueno? ¿Qué destacaría mi entorno de mí? ¿Realizando qué me he sentido orgulloso de mí mismo? ¿Qué fue determinante para lograr aquello?

2. Mercado laboral. Acto seguido necesitamos dilucidar cómo encajamos o **podemos adaptarnos al mercado laboral existente**. Los informes sobre el mercado laboral que publican empresas como Adecco, Hays o LinkedIn te serán muy útiles para conocer los puestos más demandados o sectores que están en crecimiento. Es importante tener en cuenta esto para definir nuestro puesto objetivo, porque de poco sirve que esté muy convencido de trabajar como probador de parques de atracciones si no voy a encontrar ninguna oferta de empleo. En ese caso, podemos llegar a la conclusión de que, como no hay una empresa que demande esos servicios en nuestra localización, **tenemos que encontrar alguna solución** como mudarme al lugar donde se demande ese perfil o crear un proyecto propio relacionado (por ejemplo: abrir un canal de YouTube o un blog donde realice diferentes reviews sobre parques de atracciones).

Una vez que hayas reflexionado sobre ambos aspectos, llega el momento de hacer una lista con nuestros puestos objetivo **ordenados por preferencia**. Es posible que nos interesen puestos demandados para los que no cumplimos los requisitos. En ese caso, podemos plantearnos una búsqueda a largo plazo e investigar sobre plataformas de formación. Podríamos compatibilizar esta búsqueda con una a corto plazo si necesitamos un trabajo de forma urgente. **Entonces, ordenaremos aquellos puestos demandados para los que cumplamos los requisitos.**

¿Cómo organizar la búsqueda de empleo?

Una vez elegido un puesto objetivo, es muy habitual que empecemos la búsqueda con una gran motivación, pero que esta desaparezca rápidamente.

El problema aquí es carecer de una buena organización en la búsqueda de empleo:

queremos el empleo ya y pensamos que el único triunfo es que una empresa nos diga que sí. Esta desesperación nos conduce a dejarnos llevar y **aceptar lo primero que aparezca**. En este libro vamos a ver los diferentes aspectos que debes tener en cuenta y cómo completar cada una de las tareas inherentes a la búsqueda: crear un currículum, hacer autocandidaturas, investigar portales de empleo... para así poder tener éxito.

Recuerda la pista de baloncesto:

si te puede la impaciencia y solo piensas en encestar, acabarás realizando tiros imprecisos, lesionándote y perdiendo el control. Es mejor practicar la postura y realizar diferentes pruebas para **acabar haciendo triples**.

Para tener una buena organización en la búsqueda, te recomiendo que empieces por estos primeros pasos:

1. **Fija objetivos diarios, semanales y mensuales.** Está claro que el gran objetivo es encontrar empleo, pero necesitamos desgranarlo en otros mucho más pequeños. A medida que leas este libro lo irás descubriendo, pero el primero ha sido fijar el puesto objetivo (**¡enhorabuena!**) y ahora toca organizar tu búsqueda. Más adelante podrás fijarte el objetivo diario de revisar ciertos portales de empleo, otros días deberías hacer autocandidaturas, contactar antiguos contactos, acudir a un evento... Existen múltiples pequeñas acciones que nos acercan a ese gran objetivo y vamos a celebrar cada una que llevemos a cabo.

2. **Usa alguna herramienta para organizarte**: agenda, Excel, calendario online o aplicación. De esta manera, podrás analizar en qué has invertido el tiempo, realizar seguimiento de tus candidaturas, ver tus avances en la búsqueda de empleo y, por supuesto, fijarte los anteriores objetivos.

3. **Establece un horario.** No vamos a dedicarle todo el día a la búsqueda, sino que vamos a cumplir un horario con el que nos vamos a comprometer. De este modo, tendremos una constancia en la búsqueda y también podremos realizar otras actividades igual de importantes y que nos hacen sentir bien como el deporte, quedar con amigos, realizar formaciones, leer, ver YouTube, Twitch o cualquier hobby. **Esto es igual de importante que la búsqueda.** Se trata de seguir disfrutando de la vida, sentirnos bien con nosotros mismos y ser felices, ya que eso te ayudará a encontrar trabajo. Te prometo que en las entrevistas se percibe cuándo alguien es feliz y transmite esas buenas vibraciones.

4. **Crea un correo electrónico profesional para la búsqueda.** La idea es que sea un correo con este formato: nombreapellidos@... Lo mejor es que sea profesional y simple para que nadie se equivoque al intentar contactarte. Además, así nos aseguramos de no perder ningún correo interesante entre las ofertas que nos envían infinidad de empresas.

5. Por último, haz algo tan sencillo como **crear una carpeta específica en tu ordenador**. Ahí debes guardar todos tus documentos e información valiosa relacionada con tu búsqueda: los currículums que crees, plantillas de autocandidaturas, el seguimiento de tus solicitudes...

Descárgate plantillas para organizar tu búsqueda en el QR del final.

Capítulo 2

Iniciativa
Encuentra las oportunidades

Cuando empecé a buscar trabajo, me registré en InfoJobs, porque es el portal donde yo pensaba que se publicaban más ofertas, y todas las mañanas revisaba si había alguna nueva como becaria de recursos humanos en A Coruña. **En ese entonces me sentía tranquila** *porque supuestamente ya estaba poniendo todo de mi parte: «Solo había que esperar la oferta». Una pena que en aquel entonces* **no supiera todo lo que te voy a contar en este capítulo.**

En la búsqueda de empleo hay infinidad de caminos, **pero podemos diferenciar dos claramente:**

- El primero, en el que está todo el mundo (de hecho, hay algo de atasco), es el de esperar **esa oferta que encaje con nosotros.**
- El segundo camino es el que está mucho más despejado, pero supone **un mayor reto.** En este hay que utilizar diferentes herramientas, tener la iniciativa y valentía de buscar nosotros a las empresas. Además, **necesitas saber cómo demostrarles tu potencial** y persuadirlas de que les vas a aportar un gran valor. Se calcula que el 80 % de las ofertas de empleo no se publican en portales, por lo que la única manera de acceder a esas oportunidades es este camino.

La buena noticia es que tampoco tienes que elegir un solo camino, sino que es posible estar en ambos.

Puedes revisar los portales de empleo mientras actúas para diferenciarte y acceder a otras ofertas que no se publican. En este capítulo vamos a hablar de todas las herramientas que tienes a tu alcance para encontrar la oportunidad.

Metabuscadores y portales de empleo

Los portales o webs de empleo deben ser la base de la búsqueda y por ello **es necesario saber utilizarlos correctamente**.

Antes de nada, vamos a diferenciar los metabuscadores de los portales. Los primeros **son una poderosa herramienta**, ya que rastrean y encuentran ofertas en múltiples portales de empleo externos. Al ser ofertas no publicadas en esa página, cuando te quieras apuntar, te redirigirá al portal de empleo original.

Dentro de los portales de empleo encontramos dos categorías. Por un lado, los generalistas y, por otro, los especializados. Estos últimos son los que están dedicados a un determinado sector, un perfil específico de candidato...

En la siguiente página tienes un listado de los portales y metabuscadores que considero más útiles, pero te animo a que investigues en internet, porque seguro que encuentras muchos más. Lo ideal es que elijas para tu búsqueda no solo portales generalistas, sino también especializados en tu sector o perfil.

Accede al listado de portales de empleo por países en el QR del final.

Metabuscadores y portales de empleo	
Indeed	Metabuscador
Google	Metabuscador
InfoJobs	Portal de empleo
Infoempleo	Portal de empleo
CornerJob	Portal de empleo
Job Today	Portal de empleo
Universia	Talento joven
Primerempleo	Talento joven
StudentJobs	Talento joven
beWanted	Talento joven
Talentoteca	Talento joven
Empléate	Portal del gobierno
Domestika	Portal especializado
Ticjob	Portal especializado
Luxe Talent	Portal especializado
Marketyou	Portal especializado
Turijobs	Portal especializado
Tecnoempleo	Portal especializado

Para hacer un buen uso de los portales y metabuscadores, lo primero que te recomiendo es que elijas los que **más se adecúen a lo que estás buscando profesionalmente**. Puedes probar diferentes portales y **quedarte con aquellos que publiquen más ofertas de tu sector**.

En caso de que te interesen dos puestos de sectores muy diferentes, te recomiendo que te **crees varios perfiles adaptados**.

En InfoJobs sí puedes crear currículums diferentes y elegir cuál quieres usar cuando solicitas una oferta, pero en otros portales deberás crearte cuentas distintas.

Una vez elegidos los portales, deberás registrarte completando todos los apartados (puedes hacer un «copia y pega» de otros perfiles que tengas o de tu currículum) y **empezar a explorar todas las herramientas que ponen a tu disposición**. Lo idóneo es que también te descargues las aplicaciones en tu móvil para que sean más accesibles. Así no tendrás que encender el ordenador para buscar ofertas o enterarte de las novedades en tus candidaturas.

En la mayoría de los portales, cuando te inscribas a alguna oferta, tendrás que contestar una serie de preguntas. Estas **«killer questions»** se usan para poder filtrar a los candidatos que sí cumplan una serie de requisitos o para ampliar su información. **Hay dos tipos de preguntas:**

- Las preguntas cerradas, donde te dan a elegir entre varias opciones.

Cuestionario previo de la empresa:

1. ¿Has realizado venta consultiva hacia una B2B?

○ Sí

○ No

○ No, pero estoy dispuesto/a a aprender

Aquí siempre hay una opción que te descarta directamente, por eso hay que prestar mucha atención. En este ejemplo es claramente el «No», por eso existe otra opción de «No, pero estoy dispuesto a aprender».

- Las preguntas abiertas, por otra parte, no te van a descartar automáticamente, **pero si las dejas en blanco ya no te tendrán en cuenta**. Entiendo que sea pesado escribir un texto, así que te recomiendo que, siempre que contestes una **«killer question»**, guardes la respuesta en un documento. De esta manera, cuando se repita esa pregunta, que seguro que acontece en diversas ocasiones, podrás reutilizarla y no te llevará tanto esfuerzo.

2. A lo largo de tu trayectoria, ¿has liderado equipos comerciales? ¿Qué tipo de servicios/productos has tenido la oportunidad de ofrecer?

0/500 caracteres

Si encuentras ofertas que no sabes si solicitar o no, **te recomiendo que lo hagas siempre, ya que no pierdes nada**.

No te obsesiones con tener que cumplir todos los requisitos, con que cumplas la mayoría es suficiente para intentarlo.

En caso de que dudes sobre si te interesa una oferta, **apúntate también**; si te llaman, podrás resolver tus dudas y tomar una decisión.

Por último, te recomiendo que, si ves una oferta que te gusta, no lo dejes ahí. Trata de contactar con el reclutador para mostrarle tu interés, pero eso ya te lo explico en el siguiente apartado.

¿Cómo sacarle partido a los portales de empleo?

- Elige los portales en función de tu perfil.

- Realiza búsquedas usando los filtros avanzados y las palabras clave.

- Completa todos los apartados de tu perfil.

- Activa las alertas para ser de los primeros en apuntarte.

- Descarga sus aplicaciones en tu móvil.

- Usa las herramientas adicionales de cada portal de empleo.

- Responde cuidadosamente a las KQ («killer questions»).

- Mantén tu perfil actualizado.

Autocandidaturas: «No busques anuncios, anúnciate tú».

Hacer una autocandidatura es como estar en la discoteca y dejar de esperar a que la persona que te gusta te venga a hablar.

Tomas la iniciativa de ir tú y, por supuesto, piensas bien qué le vas a decir. Recalco esto último porque, si eres de esas personas que ha mandado directamente su currículum a un reclutador sin mediar palabra o enviado un mismo correo de forma masiva a diferentes empresas...

tienes que dejar de hacer eso de forma urgente,

ya que lo único que vas a conseguir es frustrarte porque no te contestan. Debes pensar que si fueras a una discoteca a decirle a todas las personas: «¿Nos enrollamos?», pues... no creo que ligaras mucho esa noche, la verdad.

Entonces, una vez que ya te he convencido de lo importante que es hacer autocandidaturas personalizadas, te voy a contar cómo vas a hacerlas para que las empresas se fijen en tu perfil.

Lo primero es pensar en qué empresas encaja nuestro perfil, cuáles están creciendo o demandando personal... Una vez que hayas hecho una lista, debes **elegir la forma de realizar la autocandidatura**, que dependerá por supuesto del tipo de empresa en la que quieras trabajar:

1. Correo electrónico: **es el que mayor tasa de respuesta tiene**. Respecto a cómo averiguar el correo, puedes buscar primero en

LinkedIn los nombres y apellidos de las personas que trabajan en el departamento de Recursos Humanos de la empresa que te interesa. Posteriormente, puedes usar páginas como Findthatlead, que te proporcionarán el correo.

A la hora de redactar el cuerpo del correo,

nunca envíes un mensaje genérico y despersonalizado

como: «Te envío mi currículum, tenlo en cuenta para el futuro». Esto no significa que tengas que escribir un gran texto, porque seguramente no lo leerán. La clave está en ser concisos, aportándoles una información que despierte su interés y los haga abrir nuestro currículum. En la siguiente página, te enseño un ejemplo de correo.

2. LinkedIn: es lo más natural, porque, al ser una red social, **está hecha para relacionarnos**. Si te interesa una compañía, busca con qué personas que trabajan allí tienes algo en común para contactarlas. En caso de no encontrarlas, **puedes contactar a las personas de selección o del área que te interesa**. Lo que sí es muy importante que tengas en cuenta es que las bandejas de entrada de los técnicos de recursos humanos están saturadas y, si quieres que te contesten, deberías de nuevo tratar de enviar un mensaje diferente. Olvídate de «Me gustaría tenerte en mi red de contactos». Mejor enfócate en **crear una conexión con esa persona que está al otro lado**: puede ser que te haya llamado la atención una de sus publicaciones o que hayáis asistido a un mismo evento, universidad o incluso que pertenezcáis a un mismo grupo en esa red social.

RADIOGRAFÍA DE UNA AUTOCANDIDATURA

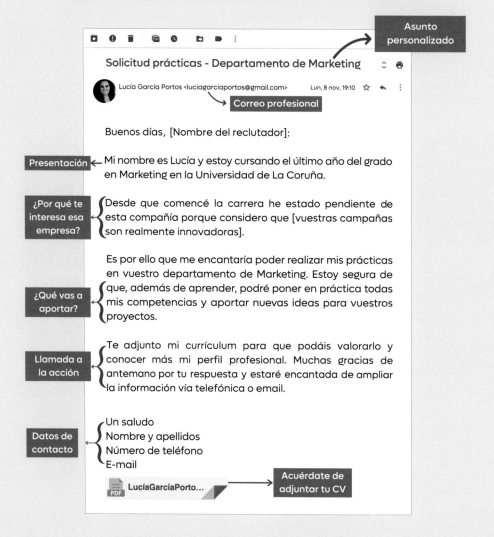

Asunto personalizado

Solicitud prácticas - Departamento de Marketing

Lucía García Portos <luciagarciaportos@gmail.com> Lun, 8 nov, 19:10

Correo profesional

Buenos días, [Nombre del reclutador]:

Presentación → Mi nombre es Lucía y estoy cursando el último año del grado en Marketing en la Universidad de La Coruña.

¿Por qué te interesa esa empresa? Desde que comencé la carrera he estado pendiente de esta compañía porque considero que [vuestras campañas son realmente innovadoras].

¿Qué vas a aportar? Es por ello que me encantaría poder realizar mis prácticas en vuestro departamento de Marketing. Estoy segura de que, además de aprender, podré poner en práctica todas mis competencias y aportar nuevas ideas para vuestros proyectos.

Llamada a la acción Te adjunto mi currículum para que podáis valorarlo y conocer más mi perfil profesional. Muchas gracias de antemano por tu respuesta y estaré encantada de ampliar la información vía telefónica o email.

Datos de contacto
Un saludo
Nombre y apellidos
Número de teléfono
E-mail

LucíaGarcíaPorto... Acuérdate de adjuntar tu CV

Descárgate esta plantilla en el QR del final.

3. Físicamente: en España, por norma general, **ya no se recogen currículums físicos**. Pese a esto, si vas a solicitar un puesto en empresas pequeñas que no tienen presencia online, será una gran idea acercarse a sus oficinas para mostrar interés por unirnos a esa empresa y lo que podemos aportar. Eso sí, recuerda preguntar por el responsable para **así aumentar tus posibilidades**.

4. Apartado «Trabaja con nosotros» en su web: la mayoría de las empresas tiene una sección en su página de «Trabaja con nosotros». En ocasiones, te invitan a unirte a su base de datos, lo que es una buena idea para que te puedan tener en cuenta para el futuro. Otras veces, hay una dirección de correo general y puedes enviarles tu currículum, pero lo más seguro es que quede sepultado por muchos otros correos. Por tanto, si lo que aparece es un correo, te recomiendo que averigües **mejor la dirección de los responsables de recursos humanos o del área que te interesa**, ya que de este modo existe una mayor probabilidad de que recibas respuesta.

Hasta ahora te he hablado de las autocandidaturas más tradicionales, pero puedes ir un paso más allá y demostrar tu creatividad **haciendo algo especial** que esté relacionado con el puesto o la empresa. Los reclutadores ven infinidad de currículums y correos y realizan muchísimas entrevistas.

El hecho de que rompas esa monotonía con una acción diferente que demuestre motivación y otras competencias profesionales te abrirá muchas puertas.

Aun así, sé consciente de qué quieres transmitir, porque quizá te arriesgas demasiado si buscas acceder a empresas tradicionales o si perteneces al sector de banca, seguros, derecho, medicina...

¿Cómo puedes innovar a la hora de solicitar un puesto? Puedes arriesgar en el diseño, formato o contenido. Aquí te doy muchas ideas para que te inspiren.

Diseño de la carta de presentación, currículum o correo. Más allá de poder innovar en su diseño, **puedes incluso hacer un guiño a la empresa a la que solicitas empleo**. Una forma puede ser utilizar el producto de la empresa o usar sus colores corporativos en tu diseño. Por ejemplo: Nick Begley tuvo la idea de mandar pequeñas tabletas de chocolate que tenían como envoltorio su currículum adaptado como si fuese realmente una envoltura de producto. Esto hizo que consiguiera trabajo en una gran empresa y motivó a más personas a seguir sus pasos imprimiendo el CV en diferentes productos como un vaso de Starbucks, una caja de medicamentos o de cereales...

Formato. Para solicitar trabajo a las empresas, además del currículum obligatorio, **puedes añadir valor a tu perfil usando otras herramientas diferenciadoras**, aunque siempre hay que tener en cuenta el sector y el tipo de empresa a la que solicitamos trabajo.

- Videocurrículum.
- Presentación.
- Porfolio.
- Videojuego: Robby Leonardi (http://www.rleonardi.com/), diseñador e ilustrador de profesión, creó un videojuego basado en el famoso *Mario Bros* en el que **mostraba su currículum de manera interactiva** y con el que ha conseguido varios premios de prestigio por su gran idea.

- ChatBot: con esta herramienta diseñarías una conversación predefinida. David Vidal creó una experiencia donde el reclutador tenía a su **inmediata disposición las respuestas** que daría David a las típicas preguntas de entrevista de trabajo, además de poder acceder a su currículum y trabajos que había desempeñado a lo largo de vida laboral. Esto le hizo conseguir en tan solo una semana **300 entrevistas online y 7 en directo**.
- Valla publicitaria: Féilim Mac An, siendo recién graduado, decidió colocar en una valla publicitaria en la capital de Irlanda una imagen donde salía él mismo de espaldas en una playa frente a diferentes monumentos de varios países como la Estatua de la Libertad de Estados Unidos con el texto **«Save Me From Emigration»**. Además, se creó cuentas en Facebook y Twitter para conseguir más presencia online, logrando así la atención de varias agencias que le acabaron ofreciendo el empleo que buscaba.
- Tarjeta de visita: en 2013 Michiel Das utilizó **la teoría de los seis grados** para encontrar trabajo en la ciudad de Barcelona. Creó tres tarjetas de visita y se las dio a tres personas diferentes, que a su vez iban pasando sus tarjetas de visita hasta llegar a las manos de una persona que le quería contratar. Después de pasar por las manos de cuatro contactos, consiguió entrar en SEAT gracias a la primera tarjeta de visita, lo cual le llevó a salir en **varios medios de comunicación nacionales con su proyecto**.
- Lista de Spotify: en 2011, el usuario chemanga creó una playlist en Spotify en la que los títulos de las canciones **eran las frases de su carta de presentación o currículum**, las cuales se iban desplegando según avanzaba la reproducción. Una manera ingeniosa de presentar su candidatura con banda sonora, que le hizo ser *trending topic* a nivel nacional.
- QR: puedes usarlo para dirigir a las personas de una forma original a una página donde transmitas tu valor como profesional.

- Anuncios personalizados: Alec Brownstein consiguió llamar la atención de directivos de varias empresas gracias a la publicidad de Google. Investigando, se dio cuenta de que esos directivos eran propensos a **buscar su propio nombre en Google,** por lo que creó un anuncio que les apareciese cuando hacían esa búsqueda con un texto que decía **«Buscarte a ti mismo en Google es divertidísimo. También lo es contratarme».** Solo le hicieron falta seis dólares, con los que consiguió que cinco de los seis directivos lo entrevistaran y que dos **le ofrecieran un puesto fijo.**
- Blog: puedes escribir sobre la compañía. Nina quería cumplir su sueño de trabajar en Airbnb, su fuerte era el marketing y el conocimiento inmobiliario de Oriente Próximo. Por lo que creó un plan estratégico **como si ya trabajase en Airbnb** con los pasos que debería dar para penetrar en ese mercado y los beneficios que sacaría. Además, en vez de enviarlo por correo a la empresa, decidió subirlo a una web muy simple que ella misma creó para que tuviera un mayor impacto. La compartió en redes y **se hizo viral,** consiguiendo que un directivo de Airbnb le escribiese para tener una entrevista con ella.
- Pujar por sus servicios en eBay: Sonya Williams, una joven técnica, **decidió subastarse a sí misma en eBay** como si se tratase de un producto. Describía sus fortalezas y advertía de que se la llevarían pronto. Una forma ingeniosa de llamar la atención.

Contenido. También podemos despertar el interés de la empresa con el contenido. Por un lado, podemos usar un asunto **o una primera frase disruptiva que incite al lector a seguir leyendo**: «Esta no es una candidatura cualquiera», «No me contrates... a no ser que quieras que aumente las ventas en tu empresa». Deja una historia a medias para que quieran llamarte para completarla.

Por otro lado, **es importante que humanices tu candidatura,** ya que si consigues que el reclutador recuerde que eres una persona y no una hoja de papel habrás ganado mucho terreno. **¿Cómo lograr este objetivo?** Escribiendo mensajes personalizados que dejen claro que no es un copia y pega, añadiendo una presentación de tu perfil, hablando de por qué te interesa esa oportunidad...

Si quieres conocer más sobre estas historias, ve al QR del final.

Red de contactos y networking

¿Cuántas veces habrás oído la palabra «networking»? En mi caso, demasiadas veces, antes incluso de tener claro a qué hacía referencia. Nos bombardean tanto con ella que pienso que muchos ya la asociamos a una actividad negativa, como si fuera algo que se hace por interés, por aparentar...

Así que, en este apartado, vamos a sustituir el «networking» por haz «amigos»,

pero, eso sí, **tienen que guardar alguna relación con tu ámbito profesional**. Además, no los vas a hacer solo porque te puedan ayudar a encontrar un empleo, sino porque gracias a ellos vas a aprender, desarrollarte y ser más feliz.

Para terminar de convencerte, te voy a dar una lista de razones por las que hacer «amigos» es tan buena idea:

1. Te dará **visibilidad** dentro de tu sector profesional.

2. **Conocerás** a posibles compañeros, mentores o clientes.

3. Recibirás más **oportunidades** de trabajo, porque tus contactos se acordarán de ti cuando surja alguna oferta de empleo.

4. Obtendrás conocimientos y nuevas **perspectivas** al compartir puntos de vista con compañeros.

5. Te mantendrás **actualizado** sobre las últimas tendencias en tu industria.

6. Recibirás **apoyo** y también podrás ayudar a otros.

7. Desarrollarás y mejorarás tus **competencias** trabajando la confianza en ti mismo.

8. Muchas investigaciones afirman que también mejora la **calidad** del trabajo y aumenta la **satisfacción laboral**.

Esta estrategia de búsqueda de empleo es una inversión a largo plazo. Por eso suele dar pereza, ya que normalmente solemos hacer las cosas cuando las necesitamos. No obstante, es importante ser consciente del valor de una red de contactos y empezar a cultivarla antes de necesitarla. Acceder a nuevas oportunidades de empleo es un beneficio de hacer «amigos», pero no haces «amigos» solo por encontrar trabajo. Es como si quisieras tener una pareja solo para que te consuelen cuando estés triste; claro que si tienes una pareja, esta te podrá consolar, la cuestión es que no puede ser tu único objetivo, sino un beneficio implícito.

¿Cómo hacer «amigos»?

1. **Trabaja tu marca personal.** Tal y como hablamos en los primeros capítulos, debes tener claro qué características te hacen relevante, diferente y visible en un entorno homogéneo, competitivo y cambiante. De esta manera, podrás comunicarlo a las personas que conozcas en el ámbito profesional.

   Piensa en lo que puedes aportar, sin importar que no tengas experiencia. Puedes aportar un punto de vista diferente, entusiasmo, incluso las personas más junior suelen tener mayores conocimientos respecto a nuevas tecnologías y cómo aplicarlas hoy en día.

2. **Usa las nuevas tecnologías y cuida tu presencia online.** Tener un perfil en redes sociales profesionales como LinkedIn te ayudará a establecer contactos: puedes comentar en el post de alguien que te interese, enviarle un mensaje... En el capítulo 5, te ayudaré a optimizar este tipo de perfiles para sacarle todo el partido posible.

3. **Recuerda cuáles son tus contactos pasados** y reconecta antes de hacer otros; llevas muchos años haciendo «amigos» aunque tú no lo sepas. Además, será más cómodo para ti contactar con personas con las que ya hayas interaccionado antes. Piensa en:

   - Cualquier persona con la que hayas coincidido en un evento o lugar.
   - Tus amigos y familiares.
   - Compañeros de estudios o profesores.
   - Compañeros de trabajo.

4. **Acude a eventos profesionales**: ferias de empleo, eventos online, conferencias, talleres, cursos, voluntariado, grupos de universidad… Busca eventos donde puedas conocer gente con la que tengas objetivos profesionales o intereses comunes. Una vez allí, **sal de tu zona de confort** y habla con gente nueva, aunque vayas acompañado de algún amigo. Aun así, recuerda que también es posible hacer «amigos» en ambientes más informales, como realizando deporte.

5. **Desarrolla habilidades sociales.** Es importante saber escuchar activamente las opiniones de los demás. Al mismo tiempo, debes compartir tus experiencias y puntos de vista, presentarte y hablar con personas que no sean de tu círculo más cercano. Salir de la zona de confort puede ayudarte a expandir tu red de contactos. Es importante también **trabajar tu comunicación no verbal**.

6. **¡Cuánto más no es mejor!** Centra tus esfuerzos en conocer personas adecuadas, que son aquellas que te estimulan, inspiran o con las que tienes intereses en común. Si encuentras alguna así, **invierte un poco de tu tiempo en cultivar la relación a largo plazo**.

7. **Interésate por aportar antes de demandar.** El objetivo de hacer «amigos» es compartir, no pedir; así que lo primero que debes pensar cuando conozcas a alguien es **¿cómo la puedo ayudar?** Puede ser un consejo, un punto de vista, un contacto, un dato…

8. **Refuerza la conexión después del primer contacto.** Si conoces a alguien que te resulta interesante en un evento, recuerda conectar a través de LinkedIn y enviarle un mensaje.

9. **Asume el riesgo de ser rechazado o ignorado, porque no pasa nada.** Para llegar al sí, hay que recibir muchos noes, pero nunca llegaríamos al sí sin ellos. Así que, si alguien no te contesta, no le dediques ni el más mínimo tiempo mental y **céntrate en quienes sí lo hacen**.

10. **Dedícale algo de tiempo a diario.** Cuantos más minutos le dediques a tu red de contactos, más valor tendrá. Realiza llamadas, contesta a mensajes y sé proactivo. **Es una inversión rentable.**

Recuerda que, al igual que cuando haces algo por primera vez, es normal que al inicio cometas errores o no te sientas seguro...

Pero, si nunca lo haces,
te perderás una gran oportunidad.

Capítulo 3

———

Persuasión
Crea un buen currículum

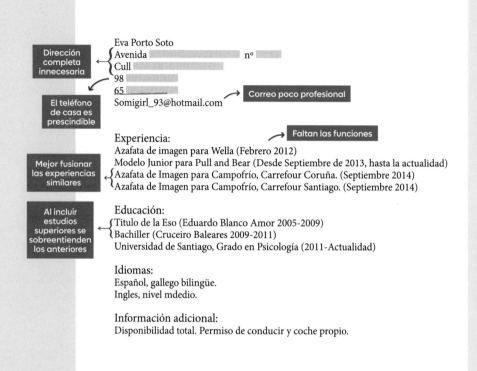

Eva Porto Soto

Avenida ▓▓▓▓▓▓▓ nº ▓▓▓

Cull ▓▓▓▓▓▓▓

98 ▓▓▓▓▓

65 ▓▓▓▓▓▓

Somigirl_93@hotmail.com

Experiencia:

Azafata de imagen para Wella (Febrero 2012)

Modelo Junior para Pull and Bear (Desde Septiembre de 2013, hasta la actualidad)

Azafata de Imagen para Campofrío, Carrefour Coruña. (Septiembre 2014)

Azafata de Imagen para Campofrío, Carrefour Santiago. (Septiembre 2014)

Educación:

Titulo de la Eso (Eduardo Blanco Amor 2005-2009)

Bachiller (Cruceiro Baleares 2009-2011)

Universidad de Santiago, Grado en Psicología (2011-Actualidad)

Idiomas:

Español, gallego bilingüe.

Ingles, nivel mdedio.

Información adicional:

Disponibilidad total. Permiso de conducir y coche propio.

La primera vez que tuve que hacer mi currículum (sí, «tuve», porque **me lo exigieron en una oferta de empleo**), lo vi como una carga, el típico formulario que tienes que rellenar por obligación para apuntarte a algo. Tenía claro que era un mero trámite que **no me iba a ayudar a demostrar nada** ni a encontrar empleo, sino a poner de manifiesto mis carencias y mi falta de experiencia. Así que no le di muchas vueltas porque no había nada que contar (o eso creía) y procedí a sacármelo cuanto antes de encima. Abrí un Word, escribí línea a línea lo que supuestamente debía incluir un currículum y le di a enviar. **Y, sí, las faltas de ortografía son reales.**

¿Tú me hubieras llamado? Yo no lo hubiera hecho.

Aunque en ese momento **sí tenía una gran materia prima para crear un currículum competitivo**, se quedó en nada porque no creía en ninguna de mis aptitudes y no sabía ponerlas en valor. Esto se conoce como la **profecía autocumplida**. Por eso, es importante que antes de empezar este capítulo tengas una idea clara: sí, puedes crear un buen currículum que resalte tus fortalezas independientemente de tu experiencia, formación, edad, etc.

Tu currículum no es tu autobiografía, sino tu folleto publicitario.

A nadie le apetece redactar un currículum, lo vemos como algo que hay que hacer obligatoriamente y tampoco sabemos muy bien qué incluir en él. Además, cuando no tenemos experiencia, ya sentimos que no hay salvación posible porque **«si no tenemos experiencia, ¿qué vamos a incluir?»**. Toda esta situación se traduce en una sola palabra: **desmotivación**.

Todo esto va a cambiar.

Vamos a darle la vuelta y a empezar a ver el currículum como una oportunidad de mostrar todo nuestro potencial.

Al final es como si decidieras abrir un restaurante y tuvieras que redactar el folleto publicitario que va a convencer a las personas para que vengan a probarlo. ¿Qué crees que pasará si redactas el folleto **de mala gana** y rellenando **únicamente los apartados imprescindibles**?

RESTAURANTE SAN JAIME

HORARIO: 09:00 - 15:00
DE MARTES A SÁBADO

TELÉFONO: 912 345

RESTAURANTE SAN JAIME

PREGUNTAS FRECUENTES SOBRE EL SERVICIO DE ENTREGA Y PARA LLEVAR

Horario: 09:00 - 15:00 De martes a sábado

LLÁMANOS AL 912 345 O VISITA EVAPORTO.COM PARA HACER TU PEDIDO.

Desinfectamos nuestras instalaciones con regularidad y el personal lleva equipo de protección para garantizar la seguridad de todos.

¿A qué restaurante te apetece más ir?
O, mejor, ¿de qué restaurante preferirías ser dueño?

Y no, la diferencia aquí no reside **simplemente en que uno de los dos folletos está bien diseñado**, sino que en el segundo también incluyen una llamada a la acción y nos hablan de uno de sus servicios, además de hacer referencia a las medidas de seguridad. El segundo restaurante tiene en cuenta qué le interesa saber al cliente para tomar la decisión de acudir allí.

Y ahí está la clave. Lo primero que tienes que pensar es: ¿qué quiere ver el «cliente» (en este caso el reclutador o persona que reciba el currículum) en el currículum? **¿Qué determinará la decisión de llamarme o no?**

Para responder a esta pregunta debemos empezar analizando **nuestro puesto objetivo**.

Después de eso, los pasos que seguiremos para realizar nuestro currículum serán estos: **elegir un diseño idóneo y los apartados que vamos a incluir**. Posteriormente, potenciaremos la redacción de este y aprenderemos a adaptarlo a cada nueva oportunidad que aparezca.

Pasos necesarios para crear tu currículum

1 Analizar el puesto objetivo.
Usando las ofertas de empleo podremos descubrir qué es lo que más valoran los reclutadores a la hora de tomar una decisión.

2 Elegir un diseño adecuado.
Es importante conocer qué podemos transmitir con cada uno de los diseños y decantarnos por el que más se adecúe a nosotros.

3 Seleccionar los apartados.
Hay una infinidad de apartados que puedes añadir en tu currículum, pero la clave reside en conocer cuáles son los que resaltarán nuestras mayores fortalezas de cara a ese puesto.

4 Potenciar la redacción.
Es fundamental lo que escribimos en el currículum, pero también cómo lo escribimos.

5 Adaptar el CV a nuevas ofertas.
No todos los puestos son iguales, ni todas las ofertas. Por eso hay que aprender a adaptar nuestro CV a las necesidades de cada una.

Analizando nuestro puesto objetivo

Podemos descubrir cuáles son los puntos clave que debemos incluir en nuestro currículum de diferentes maneras, **pero la mejor es analizar las ofertas de empleo que solicitamos día a día**. Nada va a ser más específico que eso y aquí aprenderás a analizarlas correctamente.

Radiografía de una oferta de empleo:

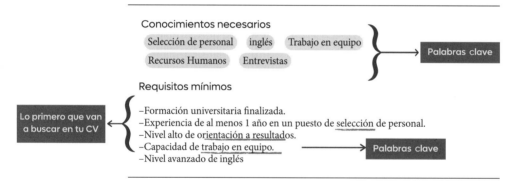

Descripción

¿Te imaginas trabajar para que otros puedan hacerlo?
Si tienes pasión por los recursos humanos, te gusta el trato con las personas y quieres un proyecto con desarrollo profesional, ¡este es tu proyecto!

Como técnico/a de selección en nuestras oficinas situadas en Majadahonda ayudarás con tu trabajo a que las empresas cuenten con los mejores profesionales, y a las personas a encontrar su empleo ideal.

Responsabilidades:

Realizarás el proceso de reclutamiento, selección y evaluación de candidatos a través de entrevistas telefónicas, entrevistas personales, administración de pruebas psicotécnicas, comprobación de referencias, realización de informes...

Generarás una base de datos de candidatos/as aptos para perfiles habituales del cliente.

Garantizarás un adecuado proceso de contratación, encargándote de entregar a los trabajadores la documentación, los equipos y las herramientas necesarias para el desempeño de sus funciones.

Beneficios

-Formarás parte de un equipo que te acompañará desde el primer día y dispondrás de un plan de formación inicial para facilitar tu adaptación a esta nueva etapa de tu trayectoria laboral.

Esto no nos aporta valor para el CV

-Trabajarás de lunes a viernes de 9 a 18 h, y disfrutarás de un salario fijo que podrás complementar con un salario variable y con un gran número de beneficios sociales a los que tendrás acceso desde el primer día de incorporación (seguro médico, ticket guardería, etc.).

-Además, dispondrás de 28 días de vacaciones y de 5 tardes libres para disfrutar en verano realizando aquellas actividades que más te gusten.

Porque creemos en el Talento y no en las etiquetas estamos comprometidos con la no discriminación por razón de raza, edad, sexo, estado civil, ideología, opiniones políticas, nacionalidad, religión, orientación sexual o cualquier otra condición personal. Estos son nuestros principios, los que guían nuestra forma de actuar, nuestra forma de ser, de entender y liderar el mercado laboral.

Tipo de industria de la oferta
Servicios de RR. HH.

¿Cuáles son los apartados a los que debemos prestar más atención?

1. **Título de la oferta o denominación de la posición.** Es muy importante que nombres los puestos de trabajo similares que hayas incluido en tu currículum utilizando el mismo término que se emplea en la oferta en la que te quieres inscribir. De esta manera, **transmitirás una mayor compatibilidad con el puesto**. Por ejemplo, para hacer referencia al puesto de «técnico de selección», también se pueden usar las palabras «recruiter», «talent acquisition» o «reclutador».

Requisitos mínimos:

- Perfil duro: son los **requisitos imprescindibles** (experiencia + formación + competencias técnicas). Los requisitos mínimos son lo primero que van a buscar en tu currículum. Por tanto, **debe ser la información más fácil de localizar**.
- Perfil blando: son las **«soft skills»** o competencias blandas de las que hablaremos más adelante en este capítulo.
- Otros requisitos: son aquellos **requisitos específicos de ese puesto**, como disponibilidad de vehículo propio, movilidad geográfica, etc.

2. **Descripción del puesto de trabajo**: misión, funciones, tareas y responsabilidades asociadas al puesto, etc.

Esto nos permite **conocer lo que valoran más** para resaltar en nuestro currículum las experiencias o funciones más similares.

3. **Palabras clave**: son las **palabras más utilizadas en ofertas del mismo puesto** y que describen mejor el contenido de estas. Pueden ser palabras relacionadas con el sector, las funciones, algún programa, competencias blandas, la denominación del puesto... Por ejemplo, las palabras clave del puesto «técnico de selección» son estas: entrevistas, selección, candidatos, perfiles, procesos, recursos humanos, reclutamiento, informes, RR. HH., talento, bases de datos... Incluir estas palabras con coherencia también aumentará la compatibilidad con el puesto.

Elegir un diseño adecuado

Una vez realizado el análisis previo, debes elegir el modelo que vas a utilizar. Dentro de la infinidad de diseños que puedes elegir para tu CV, podemos clasificarlos en tres categorías:

A. **Minimalista**
B. **Atractivo**
C. **Creativo**

ALBA MARÍA GONZÁLEZ

Localización • teléfono
e-mail • linkedin.com/in/your-name-here

Graduada en ADE, durante el 3.ᵉʳ curso estudié en la Universidad de Varsovia, lo que me ayudó a desarrollar una gran flexibilidad, capacidad de adaptación y adquirí un nivel C1 de inglés. Especializada en finanzas, he compatibilizado el máster con la realización de más de 10 cursos y actividades relacionadas con esa área.

COMPETENCIAS

- Inglés C1
- Italiano C1
- Capacidad de adaptación: en todos mis proyectos he apostado siempre por la flexibilidad organizacional y estratégica en el ambiente siempre variable.
- Orientación a resultados: disfruto fijándome metas y superando los estándares de desempeño y plazos establecidos.

FORMACIÓN ACADÉMICA

Grado en Administración y Dirección de Empresas (ADE) • Universidad de Sevilla   2015 - 2019
Programa Erasmus en la Universidad de Varsovia (Polonia) durante el 3.ᵉʳ curso
Trabajo de fin de grado: análisis de los Estados Financieros de Surika, S.A. Calificación: 8,5/10

Máster en Contabilidad y Finanzas Corporativas • EAE Business School   2019 - 2020
Trabajo de fin de máster: análisis económico financiero de cinco empresas clave del sector de gran consumo.

VOLUNTARIADO

Quokka asociación   (01/2018) - (12/2018)
- Apoyar y acompañar a personas en riesgo de exclusión social debido a su vulnerabilidad por motivo de edad o por sus circunstancias económicas y sociales.

ACTIVIDADES EXTRACURRICULARES

Socia fundadora • Finanzas.millo   (01/2017) - (01/2018)
- Crear un lugar de reunión donde conectar estudiantes, compartir conocimientos sobre finanzas y facilitar el acercamiento a nuevas empresas.

Miembro • Asociación de debate   (03/2016) - (02/2017)
- Participar en más de 30 torneos potenció mi expresión oral y pensamiento crítico.
- Colaborar y coordinarme con los 10 miembros del equipo optimizó mi capacidad de trabajo en equipo.

BLANCA GARCÍA

COMMUNITY MANAGER

Teléfono
E-mail
Enlace a LinkedIn

Especializada en marketing digital y motivada por desarrollarme en el campo de la gestión y la creación de estrategias en redes sociales.

FORMACIÓN ACADÉMICA

Máster en Comunicación Digital (2020)
Universidad de Vigo

Grado en Ciencias de la Comunicación (2019)
Universidad de Vigo
Mención honorífica del primer al último año de la universidad

EXPERIENCIA PROFESIONAL

Comunity manager (01/2021- Actualidad)
Quakmil
- Crear estrategias innovadoras de contenido.
- Elaborar cámpañas, acciones y presentaciones.
- Gestionar clientes actuales y potenciales.
- Optimizar las redes sociales de más de 20 empresas (Instagram, YouTube y TikTok).
- Aumentar el *engagement* de la comunidad.

Técnico en marketing (11/2019 - 11/2020)
Sumatillo
- Ayudar en el desarrollo e implementación de programas de marketing online.
- Colaborar en la supervisión de campañas en curso.
- Crear informes sobre campañas.

COMPETENCIAS

- Optimización de motores de búsqueda y Google Analytics.
- Desarrollo de contenido para webs.
- Redacción publicitaria.
- Creación y mantenimiento de blogs corporativos.
- Gestión de proyectos.
- Diseño de maquetación.

Creativo

Periodista y escritora
Aitana González González

¡Hola! Soy Aitana, escritora residente en Madrid. He trabajado en revistas y periódicos durante más de dos años.

Periodista con experiencia colaborando con diferentes medios. Autora especializada en literatura infantil y juvenil.
Hago de mi actividad laboral un reto del cual aprender día a día.

1   2   3

Formación académica

Grado en Periodismo
Universidad Complutense de Madrid
Magna Cum Laude

Máster en Narrativa
Escuela de Escritores

Logros

Mejor relato corto
"Sumatillo por el viento" (2017)
XV PREMIO OROLA DE VIVENCIAS

Mejor microrrelato fantástico
"Achúcula" (2014)
8.º CONCURSO DE MICROCUENTOS

Experiencia profesional

Redactora
Periódico Sumatillo (01/18 - 10/20)
Redacción de múltiples artículos

Periodista en prácticas
Ante 24 (04/2017 - 12/2017)
Seguimiento del sector audiovisual

e-mail • teléfono • enlace a porfolio

Estoy segura de que simplemente con ver los currículums **te imaginas de maneras muy diferentes** a Alba, Blanca o Aitana.

A. El **minimalista** es el **diseño más serio y sobrio**, siendo el más usado en países como EE. UU. Es fundamental que se mantenga en orden y se vea limpio.
B. En el **atractivo**, se usan elementos visuales para captar la atención del reclutador y diferenciarse respecto a otros candidatos. Normalmente estos elementos incluyen una foto, iconos, logros, además del uso de diferentes colores o tipografías para centrar la atención en los puntos claves. **Uno de los mejores sitios para encontrar este tipo de plantillas de forma gratuita es Canva.**
C. En el **creativo** no valen las plantillas, sino que debe ser un **diseño único** que demuestre tus competencias innovadoras. Podemos realizar el modelo desde cero usando Photoshop o Canva.

	1 Minimalista	2 Atractivo	3 Creativo
Puntos fuertes	Legible por los ATS Transmite profesionalidad Diseño claro y limpio	Capta la atención Transmite energía, cercanía...	Transmite creatividad Diseño único y diferenciador
Puntos débiles	No llama la atención	Puede no ser legible por ATS y llegar a saturar	Puede llegar a ser sobreestimulante
¿Cómo realizarlo?	Puedes encontrar plantillas en mi página web	Tienes plantillas personalizables en Canva	Puedes crearlo desde cero en Photoshop y Canva
¿Cuándo usarlo?	Subir a plataformas Para solicitar empleo en empresas grandes o serias	Para solicitar empleo en empresas familiares, pequeñas...	Cuando se valore la creatividad e innovación
Sectores	Legal, administración de empresas, finanzas...	Atención al cliente, ventas, retail, restauración...	Marketing y diseño

Respecto a si incluir una foto o no, **puedes hacer lo que te haga sentir más cómodo**. Aunque es cierto que en España es muy habitual que aparezca, esto está cambiando y lo ideal es que en el futuro no sea necesaria, ya que no aporta información relevante. Yo te recomiendo que la incluyas **si solicitas puestos de cara al público**, porque la foto ofrece una familiaridad valorada positivamente. Por esta misma razón, debes añadirla cuando envíes candidaturas a empresas pequeñas o medianas.

Si finalmente decides incluir una foto, recuerda que va a ser lo primero que miren en tu CV y debe ser profesional.

Olvídate de selfis, fotos de lejos, gafas de sol y ropa poco apropiada.

Seleccionar los apartados: ¿cuáles necesitas en tu CV?

Cuando no tenemos experiencia, pensamos que ya no tenemos nada que escribir en el CV. Aquí te voy a demostrar que

en realidad tienes muchísimas posibilidades antes que dejar el currículum vacío.

A continuación, tienes un ejemplo de un buen currículum sin experiencia:

RADIOGRAFÍA DE UN CV
SIN EXPERIENCIA

El título debe ser tu nombre y apellidos en grande y no *Curriculum vitae*

Perfil profesional: Contesta de manera concisa a la pregunta: «¿Por qué deberíamos contratarte?»

ALBA MARÍA GONZÁLEZ

Localización • teléfono
e-mail • linkedin.com/in/your-name-here

Solo datos de contacto necesarios

Estudios

Graduada en ADE, durante el 3.er curso estudié en la Universidad de Varsovia, lo que me ayudó a desarrollar una gran flexibilidad, capacidad de adaptación y adquirí un nivel C1 de inglés. Especializada en finanzas, he compatibilizado el máster con la realización de más de 10 cursos y actividades relacionadas con esa área.

COMPETENCIAS

«Hard skills» competencias técnicas

- Inglés C1
- Italiano C1

«Soft skills» competencias técnicas

- Capacidad de adaptación: en todos mis proyectos he apostado siempre por la flexibilidad organizacional y estratégica en el ambiente siempre variable.
- Orientación a resultados: disfruto fijándome metas y superando los estándares de desempeño y plazos establecidos.

FORMACIÓN ACADÉMICA

Los estudios de nivel más alto

Grado en Administración y Dirección de Empresas (ADE) • Universidad de Sevilla 2015 - 2019
Programa Erasmus en la Universidad de Varsovia (Polonia) durante el 3.er curso
Trabajo de fin de grado: análisis de los Estados Financieros de Surika, S.A. Calificación: 8,5/10

Máster en Contabilidad y Finanzas Corporativas • EAE Business School → Centro 2019 - 2020

Titulación
Trabajo de fin de máster: análisis económico financiero de cinco empresas clave del sector de gran consumo.

Año de finalización

ACTIVIDADES EXTRACURRICULARES

Socia fundadora • Finanzas.millo (01/2017) - (01/2018)

Verbos de acción
- Crear un lugar de reunión donde conectar estudiantes, compartir conocimientos sobre finanzas y facilitar el acercamiento a nuevas empresas.

Palabras clave

Miembro • Asociación de debate (03/2016) - (02/2017)

Separación por puntos
- Participar en más de 30 torneos potenció mi expresión oral y pensamiento crítico.
- Colaborar y coordinarme con los 10 miembros del equipo optimizó mi capacidad de trabajo en equipo.

Siempre fechas No la duración

Añade números

VOLUNTARIADO

Quokka asociación (01/2018) - (12/2018)
- Apoyar y acompañar a personas en riesgo de exclusión social debido a su vulnerabilidad por motivo de edad o por sus circunstancias económicas y sociales.

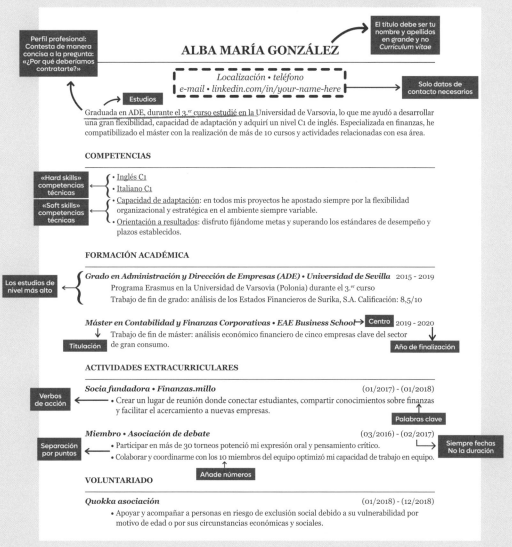

1. Datos de contacto

Este es el apartado que nunca debe faltar en un currículum, porque podrás carecer de experiencia o de formación, pero, si no incluyes **correctamente** cómo deben contactarte, serás descartado con total seguridad.

Sé conciso e incluye únicamente tu nombre y apellidos, correo profesional (hadita_45@... no vale), número de teléfono y localización.

Recuerda no incluir nunca datos personales irrelevantes como, por ejemplo, sexo, nacionalidad, dirección completa, información salarial, estado civil, religión, teléfonos de familiares, etc.

Si quieres aportar valor, incluye también el link a tu perfil de LinkedIn u otras páginas que puedan aportar valor profesional.

✖ **Error más habitual**: incluir un teléfono o correo erróneos.

✔ **El mejor indicador**: incluir solo los datos relevantes y que sean fácilmente localizables en el CV.

2. Perfil profesional

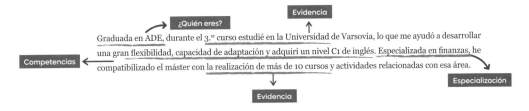

Graduada en ADE, durante el 3.er curso estudié en la Universidad de Varsovia, lo que me ayudó a desarrollar una gran flexibilidad, capacidad de adaptación y adquirí un nivel C1 de inglés. Especializada en finanzas, he compatibilizado el máster con la realización de más de 10 cursos y actividades relacionadas con esa área.

El perfil profesional es **una breve introducción** (entre dos y cuatro líneas) donde puedes aprovechar para captar la atención del reclutador, dar una explicación sobre tu trayectoria y aclarar cuáles son tus fortalezas de cara al puesto. Es la **primera oportunidad** que tienes para convencer al reclutador de que no deje pasar tu candidatura y que siga leyendo. Eso sí, no lo confundas con el objetivo profesional, con el que únicamente se exponen las preferencias del candidato. Ejemplo: **«Mi objetivo es trabajar en una gran compañía»**.

¿A qué podemos hacer referencia en el perfil? Podemos aludir a competencias, experiencia, formación, motivación, logros, etc. Te voy a dar un esquema, **pero no frenes tu creatividad**:

- **Profesional motivado** por aportar mi capacidad de adaptación y habilidades comunicativas en un sector que me apasiona: la hostelería. Desarrollé estas competencias y un gran nivel de compromiso durante mi participación en el grupo de debate, llegando a competir en más de 57 torneos. Todo ello, sumado a mi pasión, asegura que **lograré los mejores resultados posibles en su compañía**.

✖ **Error más habitual**: usar una retahíla de habilidades blandas que no significan nada. Si me dices que lo eres todo sin darme evidencias, no eres nada.

✔ El mejor indicador de haber redactado un gran perfil profesional es que cuando lo releas, **no puedes imaginarte a nadie más que a ti mismo**. Si tu perfil está hablando de ti como de cualquier otra persona, falta ser más concreto, específico y diferente.

3. Competencias

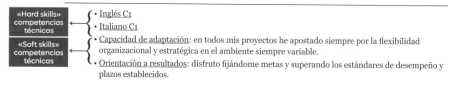

COMPETENCIAS

«Hard skills» competencias técnicas
• Inglés C1
• Italiano C1

«Soft skills» competencias técnicas
• Capacidad de adaptación: en todos mis proyectos he apostado siempre por la flexibilidad organizacional y estratégica en el ambiente siempre variable.
• Orientación a resultados: disfruto fijándome metas y superando los estándares de desempeño y plazos establecidos.

Las competencias **siempre tienen que estar integradas en nuestro currículum**, porque, a fin de cuentas, son una parte imprescindible de lo que nos hace competentes para un puesto. Se le da importancia a la experiencia o a la formación porque es **la manera más tangible y sencilla** de predecir que un candidato cuenta con ciertos conocimientos y competencias esenciales para el puesto. Ahora vamos al quid de la cuestión: la experiencia y la formación nos dotan de competencias, pero

¿podemos tener competencias sin experiencia profesional o formación? La respuesta es sí, sí y sí.

A no ser que hayas estado encerrado en una burbuja durante toda tu vida —y aunque lo hubieras estado—, habrás desarrollado ciertas competencias muy interesantes como **autonomía, tolerancia al estrés, capacidad de reflexión**... Vamos, que la única manera de no desarrollar competencias es haber estado **durmiendo desde que naciste**.

Ahora que hemos aclarado el hecho de que **sí o sí tienes competencias**, en primer lugar debemos indagar cuáles son las que poseemos y cuáles son las que demandan los puestos que nos interesan, para así dilucidar cuáles son las competencias que queremos transmitir en nuestro currículum.

Hay dos clases de competencias: las técnicas hacen referencia al manejo de programas, idiomas, etc., y las blandas son más personales, no dependen de un conocimiento adquirido y son más difíciles de evaluar, como, por ejemplo, flexibilidad, asertividad o resolución de problemas.

Después de elegir las competencias más relevantes para ese puesto, **te voy a explicar las dos formas de incluirlas en tu CV**:

1. Integrarlas dentro de los apartados de funciones o en el perfil profesional. También podemos incluir directamente la competencia o, de forma más indirecta, **a través de logros, verbos de acción o funciones**.
2. Crear un **apartado exclusivo** donde resaltemos tanto nuestras competencias técnicas como las blandas. Esto puede ser muy útil para:
    a. Incluir de forma sencilla las **palabras clave que buscarán los ATS** cuando procesen tu currículum.
    b. Destacar competencias que también van a buscar los reclutadores **cuando lean tu perfil**.

✖ **Error más habitual**: usar competencias generales que no estén relacionadas con el puesto que solicitas.

✔ El mejor indicador es que en la mayoría de ofertas a las que te inscribas aparezca **alguna de las competencias que has seleccionado**.

4. Formación académica

FORMACIÓN ACADÉMICA

Los estudios de nivel más alto

Grado en Administración y Dirección de Empresas (ADE) • Universidad de Sevilla 2015 - 2019
Programa Erasmus en la Universidad de Varsovia (Polonia) durante el 3.er curso
Trabajo de fin de grado: análisis de los Estados Financieros de Surika, S.A. Calificación: 8,5/10

Máster en Contabilidad y Finanzas Corporativas • EAE Business School → Centro 2019 - 2020

Titulación
Trabajo de fin de máster: análisis económico financiero de cinco empresas clave del sector de gran consumo.

Año de finalización

Siempre colocamos el nivel más avanzado. Situaremos este apartado por encima de otros apartados como la experiencia cuando la formación sea la pieza central de nuestra propuesta como profesionales.

✘ **Error más habitual**: incluir estudios básicos que ya se dan por hecho.

✔ El mejor indicador es incluir **solo las titulaciones más altas que tengamos** e información adicional sobre proyectos y formaciones realizadas durante los estudios.

5. Experiencia profesional

Si cuentas con experiencia profesional, este debe ser **uno de los apartados centrales de tu currículum**. Debes incluir los puestos que desempeñaste en **orden cronológico inverso**, las empresas y las fechas de inicio y fin. Respecto a las funciones, es imprescindible que prestes atención a su redacción, pero eso te lo explico en el siguiente apartado, «Potencia el contenido de tu CV».

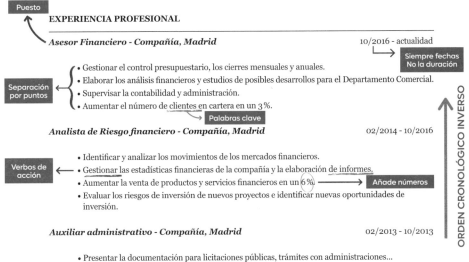

EXPERIENCIA PROFESIONAL

Asesor Financiero - Compañía, Madrid   10/2016 - actualidad

- Gestionar el control presupuestario, los cierres mensuales y anuales.
- Elaborar los análisis financieros y estudios de posibles desarrollos para el Departamento Comercial.
- Supervisar la contabilidad y administración.
- Aumentar el número de clientes en cartera en un 3 %.

Analista de Riesgo financiero - Compañía, Madrid   02/2014 - 10/2016

- Identificar y analizar los movimientos de los mercados financieros.
- Gestionar las estadísticas financieras de la compañía y la elaboración de informes.
- Aumentar la venta de productos y servicios financieros en un 6 %.
- Evaluar los riesgos de inversión de nuevos proyectos e identificar nuevas oportunidades de inversión.

Auxiliar administrativo - Compañía, Madrid   02/2013 - 10/2013

- Presentar la documentación para licitaciones públicas, trámites con administraciones...
- Gestionar bases de datos o CRM y la contabilidad.

Si no cuentas con experiencia profesional, no te preocupes, porque es **lo más habitual al inicio de nuestra carrera profesional**. Aun así, te recuerdo cuatro experiencias que son muy valiosas a nivel profesional, sobre todo cuando están relacionadas con tu sector. No solo **debes nombrarlas en tu currículum**, sino que también debes detallar todas las funciones que has desempeñado como cualquier otra experiencia profesional.

1. **Prácticas. Sí, las prácticas, sean remuneradas o no, son experiencia profesional.** Además, es algo muy valorado, porque muestra que ya has tenido una toma de contacto con el sector. Así que potencia al máximo esa experiencia.

2. **Trabajos no oficiales o en empresas familiares.** Si has desempeñado algún puesto sin haber sido dado de alta en la Seguridad Social, puedes incluirlo en tu currículum. A fin de cuentas, **has es-**

tado realizando unas funciones y adquiriendo competencias. Además, podrás explicar la situación en las entrevistas posteriores.

3. **Proyectos propios.** Hoy en día, gracias a la digitalización, puedes poner en marcha diferentes iniciativas desde casa y con una inversión económica casi nula. Aportan un gran valor a tu candidatura porque pueden demostrar **múltiples competencias tanto técnicas** (manejo de programas o plataformas) **como blandas** (proactividad, compromiso, creatividad...). Ejemplos: crear una web, un blog, un pódcast, un videoblog, prestar un servicio a través de alguna plataforma de freelances, etc.

4. **Voluntariado.** Si incluyes este tipo de experiencias, transmitirás **compromiso, solidaridad y otras competencias**.

✖ **Error más habitual**: no detallar correctamente las funciones.

✔ El mejor indicador es que las experiencias estén **optimizadas** para transmitir a través de sus funciones ciertas competencias relevantes para el puesto objetivo.

6. Otros apartados que puedes incluir

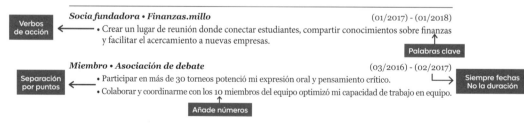

ACTIVIDADES EXTRACURRICULARES

Socia fundadora • Finanzas.millo   (01/2017) - (01/2018)
- Crear un lugar de reunión donde conectar estudiantes, compartir conocimientos sobre finanzas y facilitar el acercamiento a nuevas empresas.

Miembro • Asociación de debate   (03/2016) - (02/2017)
- Participar en más de 30 torneos potenció mi expresión oral y pensamiento crítico.
- Colaborar y coordinarme con los 10 miembros del equipo optimizó mi capacidad de trabajo en equipo.

Verbos de acción

Palabras clave

Separación por puntos

Siempre fechas No la duración

Añade números

1. **Actividades extraescolares o hobbies.** Son aquellos que no están dentro del plan de estudios, pero que realizas con compromiso y constancia porque los disfrutas. Lo ideal sería que tuvieran **alguna relación con el puesto de trabajo** o que mostraran competencias transferibles a nuestro puesto objetivo.

2. **Logros personales y académicos.** Los logros puedes ubicarlos en un apartado exclusivo o dentro de otros apartados: perfil profesional, formación académica, experiencia profesional, etc.

3. **Formación complementaria.** Si realizas cursos de formación complementaria, añade en tu CV **aquellos que estén más relacionados con el puesto**.

4. **Estancias en el extranjero.** Debido a la globalización, las empresas valoran cada vez más las experiencias internacionales. **Puedes incluirlas en una sección independiente** o dentro de la información académica si la has realizado con tu escuela.

5. **Otros datos.** Si cuentas con carnet de conducir, tienes movilidad geográfica o disponibilidad inmediata, **puedes crear un apartado exclusivo de «Información adicional»** o incluirlo junto a los datos de contacto.

✖ **Error más habitual**: no detallar en estos apartados información que demuestre qué conocimientos o competencias adquiriste en esas actividades.

✔ El mejor indicador es poner en relación esas experiencias con el puesto que solicitamos.

Como resumen: **¿qué apartados puedes incluir en tu CV?**

EN TU CURRÍCULUM

NECESITAS

Nombre y apellidos

Localización

Competencias

Teléfono

E-mail

Perfil profesional

Formación académica

INCLUYE
Si aporta valor

Página web

Perfil de LinkedIn

Formación complementaria

Actividades extracurriculares

Proyectos propios

Logros académicos

Voluntariado

Experiencia profesional

Hobbies

Otros datos

ELIMINA

Objetivo profesional

Dirección completa

Salario

Estado civil

Religión

Títulos redundantes

Teléfonos de familiares

Gráficas

Nacionalidad

Potenciar el contenido del CV

En este punto, tenemos que centrarnos en el **contenido** y aprender a redactar de forma concisa, atractiva y relevante todos los apartados.

Es como elaborar un plato de comida; podemos haber estudiado bien las preferencias culinarias de nuestros futuros clientes y elegir un buen diseño del plato, pero si cuando lo prueban no tiene buen sabor, todo lo anterior habrá carecido de sentido.

Es importante que seas consciente de que la forma de redactar **puede cambiarlo todo**. No solo es importante lo que quieres decir, sino **cómo lo escribes**, y estas son las siete claves que potenciarán el contenido de tu currículum:

1. Verbos de acción

No es lo mismo «Responsable de la cuenta de explotación» que «Gestionar la cuenta de explotación».

Inicia todas las funciones con un verbo de acción y úsalos también en otros apartados. Este tipo de verbos son aquellos que **transmiten dinamismo y la consecución de un objetivo**.

> Debes elegir los más específicos, aquellos que se relacionan más con tu desempeño profesional o con ciertas competencias.

Por ejemplo, no es lo mismo «Participar en la evaluación del desempeño» que «Colaborar en la evaluación del desempeño» del individuo; el verbo «colaborar» **transmite la competencia de trabajo en**

equipo. Otro ejemplo son los verbos que pueden transmitir liderazgo: dirigir, coordinar, organizar, etc.

2. Voz activa

No es lo mismo «Se aumentó el número de clientes» que «Aumentar el número de clientes».

¿En cuál de las dos queda más claro quién aumentó el número de clientes? Si en el currículum es donde debemos vendernos, ¿qué mejor que transmitir que somos el sujeto que ejecuta esas acciones o logros?

3. Logros

No hay nada que transmita más efectividad en un puesto que un logro. Porque, si ya has tenido éxito anteriormente, **¿por qué no lo vas a tener ahora?**

Sé lo que estás pensando: «¿Qué logro voy a tener yo?». Piensa que solo es una tarea que hayas ejecutado correctamente **obteniendo un resultado satisfactorio**. En todos los trabajos existen logros y, **aunque no tengas experiencia, también podrás incluir alguno**. Te doy unos ejemplos:

1. Aprendí un nuevo lenguaje de programación.

2. Formé parte de un grupo de debate participando en 13 torneos.

3. Editor jefe del blog de la universidad de 2016 a 2018.

4. Mi artículo en el periódico escolar sobre informática móvil fue enlazado por Menganito.

5. Completé dos estancias de estudio en el extranjero.

6. Primer lugar en el premio de innovación de 2017.

7. Graduado con premio de Fin de carrera.

8. Fui elegido como delegado de la clase.

9. Fui elegido capitán del equipo de baloncesto local.

4. Palabras clave

Cuando redactes el contenido de tu currículum, debes repasar **el análisis previo realizado en el primer punto**. Añadir con coherencia las **palabras clave** que hemos encontrado previamente en las ofertas de empleo aumentará la compatibilidad que perciba el reclutador de nuestro currículum.

5. Cuantificación

A los seres humanos nos atraen los números, nos transmiten verdad, así que **aprovéchate de eso en tu CV**. No solo cuando hables de logros, sino que cuantifica también tus funciones. No es lo mismo «Participé en torneos de debate» que «Participé en **15 torneos de debate**».

6. Detalles

Busca el equilibrio entre información detallada y **precisa**. Tienes que dar el suficiente detalle para que se entienda, pero sin líos, no metas paja. Por ejemplo, no es lo mismo «Participé en 15 torneos de debate» que «Participé en 15 torneos de debate **a nivel nacional**».

7. Ortografía y gramática

Por último, necesitas revisar que **no haya faltas de ortografía** ni erratas, ya que da una imagen muy poco profesional. **La gramática también es importante**; cerciorarnos de que no hacemos frases demasiado largas, añadimos innecesariamente comas, puntos, etc.

> Adapta el CV a nuevas ofertas

Una vez que termines tu currículum, tienes que darte cuenta de que **nunca será la versión definitiva**.

En el futuro deberás modificarlo para adaptarte a las diferentes ofertas que solicites.

Esto se debe a que incluso entre ofertas de la misma profesión podemos encontrar diferencias en lo que se demanda y, **cuanto más nos adaptemos, más posibilidades tendremos de recibir esa llamada**.

Tal y como señalamos en el primer apartado, para adaptar nuestro currículum a las diferentes ofertas de empleo, debemos tener en cuenta los **requisitos** y la descripción del puesto de trabajo.

Respecto a cómo podemos modificar nuestro currículum para destacar la información más valorada por las ofertas, **tenemos dos opciones**:

- **Alterar el orden de la información.** Las personas leemos de arriba a abajo, por tanto, **la información que aparezca en primer lugar será leída antes**. Teniendo esto en cuenta, colocaremos la información más relevante en la parte superior. Así, conseguiremos que lo primero que lea el reclutador sea lo que más se valore en esa candidatura y **captar su atención**.
- **Cambiar el contenido del currículum.** Podemos eliminar la información irrelevante para ese puesto e incluir otra que sí esté relacionada. Por ejemplo, podemos no incluir normalmente en nuestro currículum un curso determinado porque no tenga un gran valor, pero si para una oferta determinada la tiene, **¡podemos añadirlo!**

Capítulo 4

Visibilidad
Potencia tu presencia online

LinkedIn y presencia online

*Cuando terminé mis estudios, pensé en crear un perfil de LinkedIn, pero me frenaba el hecho de que todavía no había empezado mi trayectoria profesional. **La sensación que tenía era como si quisiera acudir a una fiesta donde nadie me había invitado.** Al empezar a trabajar fue importante hacérmelo, ya que era necesario para buscar talento. Así que rellené los apartados obligatorios, incluí una foto en la nieve y empecé a agregar gente porque me avergonzaba tener solo dos o tres contactos. Siento que vivimos en una época donde nos valoramos en función de lo que pase a nuestro alrededor. Si la gente nos sigue, nos da like, nos comenta..., significa que nos están validando y que lo que estamos haciendo está bien hecho. Tenemos que trabajar para que, aun faltando ese apoyo, **no dudemos de nosotros mismos**. Cuando terminé de agregar a todo ser viviente que me sonara en LinkedIn, procedí a no volver a pronunciarme por allí excepto para buscar candidatos.*

*Los motivos por los que durante varios años no compartí publicaciones fueron **mis propios límites**:*

- *Siempre he pensado que redactar no es una de mis fortalezas. Así que, en vez de dedicarle más tiempo para así mejorar este aspecto, **fui presa de mis inseguridades y evité hacerlo**. Parece que no tenemos derecho a hacer las cosas que no se nos dan bien, pero incluso tenemos más motivos que aquellos que tienen una gran destreza ya que, si nunca lo hacemos, **¿cómo vamos a mejorar?***
- *Creer que por no tener una gran experiencia no tengo nada que aportar. Todos los puntos de vista aportan y no hace falta ser un*

erudito para compartir en tus redes sociales tu granito de arena. Puede que no seas el que más sabe de tu sector, pero estoy segura de que hay muchísima gente que sabe menos que tú. **¡Esa es a la gente que puedes ayudar y tu público objetivo!**

Pese a todo lo anterior, cuando empecé a teletrabajar por la pandemia, me encontré con un tiempo libre que antes no tenía. Fue entonces cuando decidí empezar a compartir lo que había aprendido hasta ese entonces a través de YouTube, Instagram y TikTok. Terminé compartiendo las infografías que creaba en LinkedIn y **lograron un alcancé inimaginable para la recién graduada que era hace cuatro años**. Parece que ahora la gente quiere escucharme cuando en parte soy la misma que en ese entonces. **¿Qué ha cambiado?** Pues ahora me atrevo a hablar y hacerme oír. Mi consejo es ese, que te atrevas a ser escuchado, a transmitir tu punto de vista, a ser tú, **aunque cometas errores**... Esto no significa que vayas a conseguir al cien por cien un gran reconocimiento, pero lo que estoy segura es de que **vas a conseguir muchas más cosas que si te quedas callado**.

¿Has buscado alguna vez tu nombre en Google?

Si usas internet, lo más seguro es que tengas una identidad o huella digitales y que exista un rastro de ti en la red: imágenes, datos personales, gustos, amistades, aficiones, interacción con otros usuarios o contenido.

Esto te describe y determina la imagen que los demás tienen de ti en la red. **El 81% de las empresas** consultan las redes sociales de los candidatos preseleccionados antes de contratarlos. Así que, como punto de partida, te recomiendo que hagas dos cosas:

- **Busca tu nombre completo en Google** y observa qué información aparece y cómo podrías mejorarla. Un buen consejo es que elimines los perfiles que hayas creado en páginas que ya no te están aportando valor.
- Accede a las redes sociales donde te hayas creado alguna cuenta y revisa toda la información que has publicado: descripciones, fotografías... **Te recomiendo eliminar todo lo que te perjudique en tu carrera profesional** o usar el modo privado en algunas redes a las que no estés dando un uso profesional.

> La buena noticia es que, al igual que te pueden jugar una mala pasada, también puedes usarlas para lograr una gran visibilidad como profesional.

Hoy en día muchos profesionales usan LinkedIn, Instagram, TikTok, Twitter o Facebook para interactuar y compartir contenido de valor relacionado con su sector. De hecho, **si yo no lo hubiera hecho, no estaría escribiendo este libro**.

En este capítulo, aprenderás a expandir tu marca personal en el entorno digital y a sacarle **el máximo partido posible**. En la primera parte, te enseñaré a usar la red social profesional por excelencia: LinkedIn. Después, también trataremos las otras herramientas digitales que puedes usar para mostrar parte de tu trabajo, como un blog, página web, YouTube, pódcast, Instagram o Twitter.

LinkedIn

El 93 % de los reclutadores busca candidatos en LinkedIn: **la red social número uno en la búsqueda de empleo**. Al contrario de lo que algunos piensan, LinkedIn no es una red social para solo unos perfiles o ciertos sectores. **¡Es para todos!** Yo he buscado múltiples perfiles como reclutadora: fontaneros, electricistas, técnicos, perfiles junior... Usar correctamente esta red social te puede traer múltiples beneficios:

- Los reclutadores podrán encontrarte en sus búsquedas de candidatos.
- Ampliarás la información que aparece en tu currículum.
- Crearás una gran red de contactos profesionales.
- Adquirirás conocimientos diariamente gracias a todo el contenido que se comparte en la red social.
- Aportarás tu granito de arena al compartir tu punto de vista.
- Buscarás ofertas de empleo.
- Estarás al día de las noticias de tus empresas objetivo.

Para poder beneficiarte de todas estas ventajas, te recomiendo seguir estos cuatro pasos.

1. Crea un perfil competitivo

El primer paso necesario para sacarle todo el partido posible a la red social es crear un perfil competitivo y aquí te voy a enseñar cómo hacerlo.

Al igual que en el currículum, cuando rellenes el perfil, piensa en el trabajo que quieres tener, no en el que tienes.

El objetivo es representar la mejor versión de ti mismo.

La buena noticia es que, a diferencia del currículum, no tienes que limitarte a una página, así que puedes añadir todo lo que no has podido incluir en tu currículum. En caso de que no tengas mucha información que compartir, no te preocupes, **¡todos hemos empezado así!** A veces nos fijamos tanto en lo que no tenemos que olvidamos todo lo que sí tenemos. No dediques ni un minuto a pensar en que no tienes experiencia o formación, sino céntrate todo el tiempo **en cómo vas a transmitir aquello que sí tienes**.

Tampoco olvides que el perfil que crees te va a representar profesionalmente, así que, si decides hacerlo, **invierte un mínimo de esfuerzo y no lo dejes a medias**. Recuerda que es posible que te busquen en Google y que ese perfil destartalado sea la primera impresión que tengan de ti. También es importante que completes el máximo de apartados posible e incluyas cada información en su apartado específico para que **puedas ser localizado correctamente por las empresas**.

Ahora te voy a enseñar cómo rellenar cada uno de los apartados de tu LinkedIn. **Te prometo que va a ser más fácil de lo que pensabas.**

Presentación

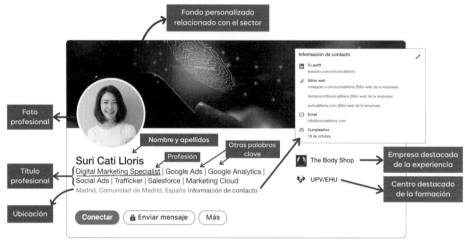

1. **Foto profesional.** A diferencia del currículum, en LinkedIn es necesario incluir una foto, **ya que es una red social**. Según sus informes, los miembros con una foto pueden recibir hasta **21 veces más visualizaciones de perfil** que los miembros sin una. Si tienes dudas respecto a la foto que has seleccionado, hay páginas como https://www.photofeeler.com/ que te darán un feedback para poder mejorarla.

2. **Fondo profesional.** No dejes el fondo que viene por defecto en LinkedIn, cámbialo y úsalo para **transmitir información a la persona que lo esté visitando**. Piensa en una proyección de tu lugar de trabajo, una frase que te represente...

3. **Título profesional.** Es lo más parecido al titular de un anuncio, necesitamos captar la atención de las personas y que **quieran leer más sobre nosotros**. Son 120 caracteres que hay que aprovechar al máximo porque, cuando aparezcamos en una bús-

queda, será lo que se vea justo debajo de nuestro nombre. Lo mejor es que reflexionemos sobre **¿con qué palabras buscaríamos a un profesional como nosotros?** Por ejemplo, para encontrar a un especialista en marketing, usaríamos estas palabras: marketing, digital, redes sociales, programas más utilizados... LinkedIn te escribe un titular por defecto, pero es mejor que lo optimices combinando los dos o tres aspectos de la siguiente lista que consideres que más te beneficien:

- Tu puesto actual o experiencia más relevante. (Ejemplo: técnico de recursos humanos en [empresa]).
- Tu profesión o puesto objetivo. (Ejemplo: técnico de recursos humanos).
- Palabras clave: competencias duras u otras palabras relevantes en ese sector.
- Eslogan.
- Logro.
- Formación.
- Objetivo.

Estas son algunas posibles combinaciones:

a. Profesión + Compañía (si estás trabajando en alguna) + Palabras clave + Eslogan: «Recruiter en [empresa] | Recursos humanos | Impulsando la selección de talento en las organizaciones».
b. Eslogan + Palabras clave: «Ayudando a empresas a aumentar sus ventas | Marketing digital | Redes sociales».
c. Si eres estudiante:

- Formación + Área de interés + Palabras clave: «Estudiante de Psicología apasionado de los recursos humanos | Selección | Recursos Humanos».

- Puesto objetivo + Formación + Palabras clave: «Técnico de recursos humanos | Grado en Psicología | Inbound recruiting».

d. **Si quieres manifestar que no tienes empleo**, puedes usar esta estructura: Profesión + Objetivo + Palabras clave: «Técnico de recursos humanos en busca de nuevos proyectos | Selección y gestión del talento».

4. **«Acerca de» o extracto profesional**

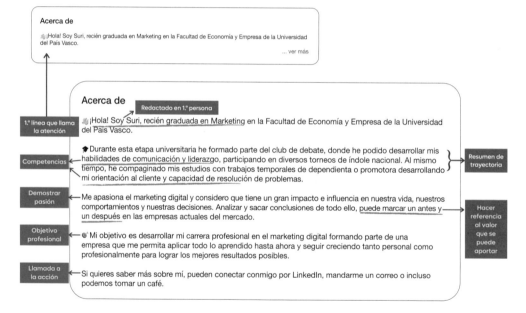

Llega el momento de la verdadera presentación. Después de leer nuestro pequeño eslogan o título profesional, han decidido que quieren saber más sobre nosotros. En este apartado debes expresar tu objetivo, motivación y competencias, así que **es similar al perfil profesional del currículum**; pero, a diferencia del anterior, podemos extendernos hasta los 2.000 caracteres. Esto no significa que tengas que escribir 2.000 caracteres del tirón, **mejor estructura la información en dos o cuatro párrafos para que sea más fácil de leer**.

Después del título profesional, el extracto profesional es lo siguiente que van a leer las personas que lleguen a tu perfil, por eso **es vital captar la atención desde el principio**. Lo ideal es que comiences con un gancho como un saludo, una frase disruptiva o una cita que te parezca relevante.

Al igual que con el título profesional, a continuación te indico diferentes aspectos que puedes incluir. **Elige los dos o cuatro que consideres que aportan más valor a tu perfil:**

- Preséntate: ¿quién eres? ¿A quién puedes ayudar?
- Propuesta de valor: ¿cómo puedes ayudarles? Competencias, fortalezas y problemas que resuelves. Deja a un lado el egocentrismo, aunque sea tu perfil profesional, no caigas en el error de centrar este apartado solo en ti. Incluye también cómo vas a aportar valor a la compañía que te contrate.
- Tu historia: un pequeño resumen de tu trayectoria. ¿Cómo has llegado a este punto?
- Logro o anécdota que aporte valor: humaniza tu perfil compartiendo alguna experiencia profesional o académica relevante. De esta forma, conseguirás conectar con la persona que está leyendo tu perfil.
- Objetivo profesional: ¿cuáles son tus siguientes pasos?
- ¿Qué te hace un apasionado de tu sector o profesión?
- Llamada a la acción: dile al lector lo que te gustaría que hiciera tras leer tu extracto. De esta forma, habrá más posibilidades de que tome la decisión de hacerlo. Puede

ser conectar contigo, enviar un email, tomar un café... Aquí puedes incluir también tus datos de contacto porque, aunque ya hay un apartado, de este modo le facilitas que lo hagan.

- Contenido multimedia y enlaces. Así conseguirás un perfil más visual y aportarás información adicional.
- Emojis. Es un gran recurso para atraer fácilmente la atención del lector. Si los incluyes, transmitirás más cercanía e informalidad. Eso sí, esto dependerá de tu público objetivo.

Trayectoria profesional y académica

1. **Experiencia laboral**

Al igual que en el currículum, aprovecha este apartado para **enumerar tus experiencias profesionales y las correspondientes funciones**. Recuerda también que, como en el extracto, puedes añadir contenido multimedia para visibilizar la empresa o tus proyectos en ella.

2. **Educación**

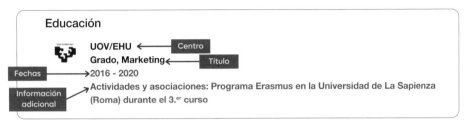

De la misma forma que en el currículum, si tienes experiencias académicas de valor, **inclúyelas en información** adicional.

3. **Experiencia de voluntariado**

Hay una sección específica para el voluntariado, así que úsala si la tienes.

Otros apartados

1. **Aptitudes y validaciones.** Es uno de los apartados **más importantes** porque los reclutadores suelen buscar a los candidatos por estas palabras, así que presta atención e **incluye aquellas más relacionadas con tu perfil**. Además, también podrás darles más credibilidad a ciertas aptitudes realizando los nuevos test que LinkedIn está implementando.

2. **Logros.** Aquí puedes resaltar publicaciones, patentes, cursos, proyectos, reconocimientos, premios, calificaciones de pruebas, idiomas, organizaciones y **causas benéficas**.

3. **Recomendaciones.** Te darán credibilidad de cara a los reclutadores que lean tu perfil. Puedes solicitar a tus contactos que te

recomienden, pero la mejor forma de aumentarlas es hacérselas tú primero a las personas con las que hayas coincidido.

4. **Intereses.** Esta sección muestra las personas, empresas, escuelas y grupos que sigues.

2. Conecta e interactúa con otros usuarios

Al ser una red social, es necesario relacionarse con otras personas. Aun así, no te obsesiones con el número de contactos: **más no es mejor.** Es habitual, al inicio, tener solo unos pocos, pero es mucho mejor un número reducido de contactos relevantes que un gran número de irrelevantes.

En el momento de hacer «amigos», te recomiendo empezar agregando a personas con las que has estudiado o trabajado, profesionales de tu sector que admires o con los que hayas coincidido, familiares y amigos. Escribe sus nombres completos y apellidos en la barra de búsqueda y **podrás conectar con ellos**. Por supuesto, te recomiendo que, en caso de que agregues a alguien con quien no tengas una relación estrecha, **adjuntes un mensaje personalizado** porque, si no, lo más probable es que no te acepte. En caso de que alguien que admires no te acepte, también puedes seguirlo y estarás al día de sus publicaciones.

Además de conectar con personas, también puedes hacer networking compartiendo, recomendando o comentando publicaciones que te resulten interesantes. Seguramente acabes teniendo una conversación con el autor de una de estas publicaciones y esa es **otra forma de hacer networking**.

Por último, también es el momento de hacer autocandidaturas, pero ten en cuenta que no puedes enviar directamente un mensaje a nadie. **Lo que debes hacer es solicitar conectar y añadir una nota personalizada.**

¿Cómo contactar a empresas?

Busca la empresa y pincha en «empleados»

Leroy Merlin - España
Cambiar nuestro mundo está en nuestras manos
Venta minorista · Lille cedex 9, France · 934.997 seguidores

 Jose Manuel y 19 contactos más trabajan aquí · 48.135 empleados

Filtra por:

Sector: (RR. HH. o el tuyo)		Localización	
Ubicaciones		**Sector**	
☐ España	☐ Madrid	☐ Venta al por menor	☐ Artículos de consumo
☐ Comunidad de Madrid, España	☐ Andalucía, España	☐ Servicio al consumidor	☐ Logística y cadena de suministro
☐ Madrid y alrededores	+ Añade una ubicación	☐ Fotografía	Añade un sector

Y conecta añadiendo una nota personalizada:

Conectar ➡ Añadir una nota

3. Busca ofertas de empleo

En LinkedIn, puedes encontrar ofertas de empleo pinchando en la parte superior, en la sección «Empleos». Por defecto, **la plataforma te recomendará ofertas en función de tu perfil**, pero también podrás realizar búsquedas. Recuerda usar las diferentes denominaciones del puesto que te interesa y los filtros avanzados.

Además, podrás activar alertas para ser el primero que se inscriba en las ofertas que encajan con tu perfil profesional.

¿Cómo buscar ofertas?

Haz búsquedas alternando las diferentes denominaciones de tu puesto objetivo. Ejemplo: recruiter/técnico de selección...

Puedes aplicar múltiples filtros en la búsqueda

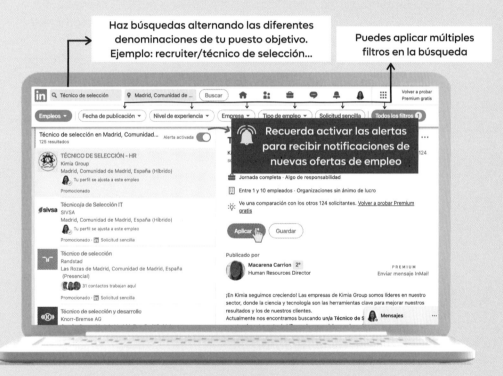

Recuerda activar las alertas para recibir notificaciones de nuevas ofertas de empleo

4. Otras herramientas que te ayudarán a encontrar empleo

- **Únete a grupos.** Realiza una búsqueda por localización o sector. De esta manera, podrás conocer oportunidades y **contactar a otros miembros del grupo**.
- **Sigue a empresas.** Podrás ver sus ofertas de empleo, noticias, nuevas contrataciones y otras informaciones de interés.
- **Sigue hashtags.** Te aparecerán las publicaciones que los usen. Si, por ejemplo, sigues el hashtag «empleo», **te aparecerán publicaciones de ofertas de empleo**.
- **Puedes buscar a tu «competencia».** Revisar el perfil de personas que trabajan en el puesto que te interesa te permitirá conocer qué formaciones realizaron o **cuál fue su trayectoria para inspirarte**.
- **Comparte contenido.**
- **Muestra interés.** Usa tu perfil en las oportunidades en que estás interesado.

¿Cómo mostrar tu interés?

Otras plataformas para obtener presencia online

Existen múltiples plataformas que puedes **usar para lograr una presencia online que te diferencie de la competencia**: Instagram, TikTok, Twitter, Twitch, Pinterest, YouTube, un pódcast, una página web propia, un blog... **Puede ser tu pequeño proyecto personal y podrás usarlo para:**

- Transmitir tu marca personal. Si los reclutadores te buscan en Google, encontrarán tu blog y será una gran oportunidad para que vean el contenido de valor que generas.
- Compartir tus conocimientos o tu punto de vista.
- Enseñar parte de tu trabajo o proyectos.
- Obtener una gran visibilidad.
- Hacer networking. Puedes aprovechar la oportunidad e intentar conseguir entrevistar a personas influyentes del sector con la «excusa» de ser un blog o pódcast especializado de divulgación.
- Crecerás profesionalmente. Adquirirás un montón de competencias que te servirán a la hora de desarrollar tu nuevo puesto y podrás utilizar en tu candidatura algo tan objetivo como es el blog, al que podrán acceder.
- Te mantendrás actualizado. Te servirá para seguir aprendiendo y manteniéndote actualizado en tu sector, algo básico en esta sociedad de hoy en día.

Para que puedas beneficiarte de todo esto, te voy a compartir **seis pasos** para usar correctamente estas plataformas como un impulso profesional.

1. **Piensa en cuál va a ser tu temática.** ¿Sobre qué te apetece hablar? ¿A quién le puede interesar lo que vas a compartir? El ob-

jetivo no es «ser viral», sino aportar: piensa en las personas a las que les puede interesar ese tipo de contenido. ¿Quiénes son? ¿Qué te hubiera gustado o interesado saber a ti?

2. **Elige la plataforma que se adapte más a tus necesidades.** En la actualidad, tenemos la suerte de tener al alcance de la mano un nutrido grupo de herramientas que nos **pueden ser de gran utilidad en nuestra carrera profesional**; pero, como todo en la vida, es muy importante saber poner el foco en lo que nos conducirá a **nuestros objetivos**. Yo empecé subiendo vídeos a YouTube porque consideraba que era lo más adecuado por la duración de los vídeos y donde pensaba que la gente iba a buscar más este tipo de consejos.

Plataforma	Público principal	Tipo de contenido	Beneficios
LinkedIn	32-45 años	Publicaciones, artículos, vídeos, imágenes...	Red social profesional
Instagram	16-34 años	Imágenes y vídeos	Plataforma líder, gran interacción con tu comunidad
TikTok	13-24 años	Vídeos cortos	Puedes lograr un gran alcance desde el inicio
Facebook	25-34 años	Publicaciones, imágenes, vídeos...	Múltiples herramientas: grupos, bots, publicidad
Twitter	25-49 años	Párrafos cortos	Comunicación en tiempo real
Twitch	18-34 años	Retransmisiones en directo	Crear un sentimiento de comunidad
YouTube	25-44 años	Vídeos	Visibilidad en buscadores y cercanía
Telegram	25-55 años	Mensajes, imágenes, vídeos...	Hacer networking en grupos
Pódcast	15-35 años	Audio	Crear contenido cómodo de consumir
Blog o página web	20-45 años	Texto e imágenes	Visibilidad en buscadores

3. **No esperes más. Deja de buscar excusas** como «Compartiré cuando tenga más experiencia o cuando tenga una buena cámara»... Comienza ahora con lo que tienes y deja atrás los miedos. Sobre todo, al principio, será un proceso de prueba y error donde **poco a poco irás creciendo y mejorando.**

4. **Analiza el trabajo que estás realizando, viendo si estás acercándote a tus objetivos.** Si no es así, deberás reflexionar sobre **qué puede estar fallando** para que esto no suceda. Puede ser que aún no estés dando con la tecla correcta y tengas que pivotar tu idea, o que los objetivos que te has puesto no sean muy verosímiles.

5. **Si algo no te funciona, cámbialo.** En mi caso, me di cuenta de que no terminaban de funcionar mis vídeos en YouTube y decidí empezar en mi cuenta personal de Instagram. En esta última tampoco llegó a funcionar y **terminé en TikTok, que fue donde empezó todo esto.**

Si piensas que no tienes nada que compartir, te dejo seis ideas de contenido para este tipo de plataformas:

- Noticias. Si acudes a una conferencia, puedes compartir lo que te ha aportado.
- Conocimiento. Si has leído un libro o artículo interesante y has aprendido algo, ¡compártelo!
- Inspiracional. Una historia que hayas leído o una frase que pueda inspirar a otras personas.
- Personal. Conecta con el resto de las personas y comparte las anécdotas, pensamientos o sentimientos que tengas. ¡Mucha gente está en tu situación!
- Pide ayuda u opinión. Genera interacción y pide a los demás que den su punto de vista o que te ayuden a resolver una duda que tengas.

Capítulo 5

Empoderamiento
Triunfa en tus entrevistas

Al finalizar el máster en Gestión y Dirección Laboral, empecé a buscar trabajo en el sector de los recursos humanos. Después de quince días, me llamaron y conseguí **mi primera entrevista presencial** en una empresa líder de distribución alimentaria. Recuerdo lo mucho que me latía el corazón de la emoción durante la conversación telefónica. Como tenía un viaje justo esa semana, acordamos tener la entrevista a la vuelta. Durante esos siete días, empecé a imaginarme trabajando en esa empresa, además era justo en mi ciudad y hasta tenía una pequeña retribución económica. Llegó el día de la entrevista, **me había estudiado su página corporativa**, le había pedido un traje a mi madre y a mi padre que me acercara a sus oficinas media hora antes. Estaba nerviosa, pero en el fondo pensaba que el trabajo de decidir si valía o no para el puesto era de ellos. **Al final, era el entrevistador quien tenía que resolver si yo encajaba en lo que estaban buscando.**

Llegué y, después de una pequeña espera, por fin hice la ansiada entrevista. Discurrió con normalidad, a excepción de dos pequeños momentos un tanto incómodos.

El primero fue cuando me preguntó sobre mi motivación por trabajar en ese sector. Le respondí que mi objetivo era trabajar en recursos humanos para ayudar a mejorar la vida de las personas y acto seguido me dijo: «Pues no sé si esto es para ti, porque los de recursos humanos somos los más odiados». Después de una pequeña pausa, le contesté: «Mientras tenga la conciencia tranquila, es lo único que me importa».

El segundo momento que recuerdo es cuando hablamos sobre mi experiencia. Había realizado unas pequeñas prácticas y empezó a *preguntarme sobre el volumen de personal que se contrataba en aquella empresa. **Le respondí con sinceridad** y, a continuación, puso en duda mi idoneidad para el puesto diciendo algo como: «Pues no sé si te adaptarías a nuestro volumen de trabajo, porque es muy alto»; mi respuesta ya no la recuerdo.*

Si quieres ver cómo sigue mi historia, vete al siguiente capítulo.

La entrevista de trabajo es el **primer contacto personal con el reclutador** y además uno de los pasos más importantes del proceso de selección. El objetivo es claro: **el reclutador quiere cerciorarse de si cumplimos el perfil que demandan**. Lo normal es que nos enfrentemos con ciertos nervios ante esta situación, pero te voy a dar en este capítulo toda la información que necesitas para salir airoso.

Las dos claves del éxito

Para empezar, **necesitas conocer las dos claves para tener éxito en tu próxima entrevista**:

1. **En la entrevista tienes tú más poder que el reclutador que está delante de ti.** Debo confesarte que muchos días que tenía que entrevistar a candidatos deseaba que apareciera alguien que encajara perfectamente con lo que buscábamos para poder cerrar el proceso de selección. Aun así, no podía hacer nada para cambiar el resultado porque, si el candidato no mostraba las competencias buscadas, **no podía seleccionarlo**.

2. **En la entrevista tu objetivo es venderte.** No caigas en el error que yo cometí de pensar: «Son ellos los que tienen que ver tu talen-

to y decidir si vales para el puesto», sino que es tu responsabilidad demostrarles a ellos que sí vales para el puesto.

Al final, es como si tuvieras que vender una aspiradora puerta a puerta, lo primero que harías es conocer el producto para poder destacar sus fortalezas cuando hables con los posibles clientes.

Por ello, al comienzo del libro, has reflexionado sobre ti mismo y ahora es el momento de seleccionar **cuáles de tus fortalezas debes destacar durante la entrevista**. Esto último dependerá de la oferta, porque no todas las empresas tienen las mismas necesidades aun tratándose del mismo puesto. Aun así, hay dos cosas fundamentales para triunfar en una entrevista o para vender una aspiradora: **confianza en ti mismo y motivación**.

Filtro telefónico

Ahora vayamos paso por paso. Te llaman de una oferta de empleo a la que te has apuntado y de pronto ya estás en la primera entrevista del proceso. Aunque no seas consciente, **es uno de los momentos más críticos**, porque en poco tiempo el reclutador debe tomar la decisión de si continúas en el proceso o no.

El objetivo de la persona al otro lado del teléfono no es otro que contrastar y ampliar la información que aparece en tu currículum para conocer si cumples los requisitos necesarios para el puesto.

Las recomendaciones que te doy para superar este filtro con éxito son:

1. Llevar un registro de las ofertas a las que te apuntas **para no estar completamente perdido cuando te llamen**.

2. **Activar las notificaciones de los portales que uses.** Así cuando una empresa vea tu currículum lo sabrás y podrás prepararte para esa posible llamada.

3. Siempre que cojas el teléfono, hazlo de forma profesional con un «Buenos días» o «Buenas tardes»; ya que nunca se sabe si al otro lado puede estar un teleoperador de Orange o **el reclutador de esa oferta que tanto te gusta**.

4. Cuida tu buzón de voz y tu foto de WhatsApp; **puede ser la primera imagen que tenga el reclutador de ti**.

5. Deja que el reclutador lleve la iniciativa y no interrumpas con preguntas. **Permítele que te pregunte todo lo que necesite saber** y, al final de la conversación, podrás realizar todas las cuestiones que consideres.

6. Trata de tener esa conversación en un **ambiente tranquilo** donde puedas prestar total atención. Si la llamada te coge en un mal momento, puedes pedirle al reclutador que te llame en diez minutos.

7. **Escucha activa.** Para demostrar que estás prestando atención, puedes parafrasear y utilizar palabras de refuerzo como «claro», «sí», «entiendo»...

8. Al ser una entrevista telefónica, tu voz lo va a decir todo de ti. Adapta el tono, la velocidad y el volumen de tu voz para transmitir esa seguridad, energía e interés. En mi caso, como tengo una voz muy aguda, trato de **agravarla levemente** cuando tengo una conversación telefónica para parecer más profesional.

9. **No tengas miedo a los silencios.** Es normal que después de dar una respuesta haya un silencio, ya que lo habitual es que la otra persona esté apuntando ciertos aspectos. Poder lidiar con ellos sin la necesidad de llenarlo con palabras vacías transmite confianza en uno mismo.

10. Al final, **pregunta por los siguientes pasos del proceso** para estar ya preparado de cara a una posible entrevista o si necesita que le envíes ciertos documentos por correo electrónico.

Si superas este filtro, lo más seguro es que en la misma llamada te citen para la entrevista o te informen de cuándo se realizarán las entrevistas presenciales.

En caso de que te despidan con un «Ya hablaremos» o «Estamos en contacto», lo más seguro es que hayas sido descartado.

Checklist para superar el filtro telefónico

- Lleva un registro de tus solicitudes.

- Activa las notificaciones de los portales.

- Cuida tu buzón y foto de WhatsApp.

- Descuelga todas las llamadas siempre de forma profesional.

- Deja que el reclutador lleve la iniciativa.

- Busca un ambiente tranquilo.

- Ten una escucha activa y cuida tu comunicación no verbal.

- No tengas miedo a los silencios.

- Pregunta por los siguientes pasos.

¿Cómo me preparo para la entrevista?

Si ya has sido citado para una entrevista... **¡enhorabuena!** Ahora necesitas invertir un poco de tiempo en estar listo para el encuentro. Saber prepararse de cara a una entrevista es fundamental para tener éxito en la misma y **aquí te dejo las claves**:

1. Investigar a la empresa

- Año de creación.
- Misión, visión, valores: es la razón de ser de una compañía y una de las cosas más importantes.
- Valores: conocer la cultura de la empresa para saber si encajamos y transmitirlo en la entrevista.
- Servicio, producto y clientes: saber a qué se dedica la empresa es fundamental. Me ha pasado muchas veces que entrevistando a personas para una tienda de materiales de construcción me decían que su sección favorita era la de jardinería.
- Quién es el CEO y fundador.
- Objetivos de la compañía a corto, medio o largo plazo: expandirse a nivel nacional o internacional, desarrollo sostenible...
- Competencia: busca las empresas de la competencia, porque es probable que te pregunten sobre ellas. Así conocen tu familiaridad con el sector o cómo te has preparado para la entrevista.
- Últimas noticias sobre la empresa.
- La persona que te va a entrevistar: investigar su LinkedIn te permitirá conocer más su perfil profesional y tendrás más posibilidades de conectar con él o ella en la entrevista.

2. Presentación: ¿cómo me presento profesionalmente?

Según el efecto de primacía, las personas **recordamos mejor la información que nos presentan en primer lugar.** Dado que los reclutadores son personas, la primera impresión que tengan de ti **tendrá un gran peso en la decisión final.**

¿Qué debes tener en cuenta para dar una buena primera impresión en una entrevista?

- **Llegar puntual a la cita.** Te recomiendo que trates de llegar con quince minutos de antelación **por si sucediera cualquier imprevisto.** Después, si quieres, puedes esperar dando un paseo para entrar a la hora o cinco minutos antes.
- **Acudir aseado y vestir de forma profesional.** Esto no quiere decir que tengas que ir de traje y corbata a todas tus entrevistas. **Lo que te recomiendo es que te vistas como si ya trabajaras allí.**
- **Comunicación no verbal.** Espera al reclutador con una comunicación no verbal que transmita **disposición y motivación.** Olvídate de recostarte en el asiento, cruzarte de brazos o meter las manos en los bolsillos
- **Prepárate para una de las primeras preguntas de la entrevista**: ¿qué me puedes contar sobre ti?

3. ¿Cuáles son mis fortalezas de cara al puesto?

Volvamos al ejemplo del principio. Si tuvieras que vender una aspiradora, **¿crees que podrías hacerlo sin saber las funciones de la misma?** ¿Cómo vas a diferenciarla de cualquier otra?

Además, dependiendo del posible comprador, será más beneficioso resaltar una u otra ventaja. Por ejemplo, si sabes que el comprador tiene mascotas, puedes hablar de algún accesorio relacionado.

En una entrevista de trabajo sucede lo mismo. La empresa busca a alguien que desempeñe unas funciones y logre unos objetivos.

> Está en tu mano convencerlos de que eres capaz y, para ello, debes destacar todas tus fortalezas de cara al puesto.

Como ya hicimos con el currículum, echaremos un ojo a la oferta de empleo que publicaron y deberemos resaltar en la entrevista aquellas partes con las que nos sintamos identificados. El **momento idóneo** será ante preguntas como estas: ¿por qué deberíamos contratarte? ¿Qué nos vas a aportar? ¿Por qué tú y no otros candidatos? ¿Cuáles son tus fortalezas?

4. ¿Qué experiencias o anécdotas aportan más valor a mi candidatura?

A la hora de resaltar ciertas fortalezas en la entrevista, será de gran ayuda **evidenciarlas con experiencias**. Todos podemos decir estas palabras: «Sé trabajar en equipo», pero lo difícil es transmitir que de verdad sabemos hacerlo. Lo ideal es que, cuando te pregunten: **«¿Por qué crees que eres bueno trabajando en equipo?»**, compartas una experiencia académica o profesional como: «Durante mis estudios, he realizado muchos trabajos en grupo. Esto me ha permitido desarrollar la flexibilidad, la asertividad y habilidades comunicativas necesarias para lograr el éxito».

5. ¿Cuáles son mis debilidades?

Necesitas conocer tus puntos débiles **para poder contrarrestarlos en la entrevista**. Si no cumples algunos de los requisitos, prepara un buen argumento que despreocupe al técnico de selección. Por ejemplo: «Si bien es cierto que nunca he trabajado con ese programa, te aseguro que daré mi cien por cien en dominarlo lo antes posible». Una muy buena técnica es redireccionar la pregunta hacia algo que sí domines como: «No conozco esa función de Excel, pero sí esta otra».

6. ¿Por qué me interesa este puesto?

En cualquier trabajo, una persona motivada vale por mil. Solicites el trabajo que solicites, trata de buscar una conexión con el mismo. Eso hará que vayas a la entrevista y al trabajo con una buena actitud y **te sientas mejor contigo mismo**. Por ejemplo, durante mis estudios, trabajé como azafata y, aunque no era el trabajo de mis sueños, trataba de buscar la conexión y preguntarme: «¿Por qué ese trabajo y no muchos otros?». En mi caso, el hecho de estar todo el rato hablando con personas hacía que el tiempo se me pasara mucho más rápido.

7. ¿Qué voy a preguntar al final?

Al igual que existe el efecto de primacía, también existe el efecto de recencia: **recordamos mejor la información que nos presentan en último lugar**. Por ello, esta última pregunta es una gran ocasión para dejar una buena impresión y, por supuesto, resolver nuestras dudas.

Aprovecha para preguntar sobre la misión, funciones u objetivos del puesto. También puedes indagar sobre la estructura, los proyectos de la empresa...

8. ¿Cuáles son los puntos débiles de tu currículum?

La entrevista tendrá un claro punto de partida: **el currículum que has enviado**. Por ello es importante que sepas qué has escrito en él. Además, si lo revisas, podrás prever qué preguntas te harán en tu entrevista. Por ejemplo:

- Si tienes unos estudios sin completar, te preguntarán sobre ello.
- Si cuentas con alguna experiencia profesional, te preguntarán el motivo de finalización.
- Si cuentas con un espacio en blanco en tu trayectoria, también indagarán qué hiciste en ese periodo.

9. ¿Cómo me refiero a la persona que me va a entrevistar?

A todos nos gusta que nos llamen por nuestro nombre. De hecho, está demostrado que se activan las zonas del cerebro asociadas con el afecto positivo.

10. ¿Cómo voy a controlar los nervios?

Es normal tener ciertos nervios antes de la entrevista, porque nos importa cómo vaya y, además, también nos activarán en parte para poder dar el cien por cien.

Aun así, si esos nervios te impiden desarrollar la entrevista con normalidad, te recomiendo que trates de atajarlos.

Cada persona es un mundo, pero solemos ponernos muy nerviosos en una entrevista cuando solo pensamos en el resultado: «Necesito que me seleccionen» o «No me van a elegir». Te animo a que, después de prepararte las preguntas anteriores, pienses que solo es una reunión con una persona. Vas a resaltar tus puntos fuertes, pero olvídate de cuál será el resultado. Además, recuerda que en las primeras entrevistas es habitual estar más nervioso porque estamos fuera de nuestra zona de confort. A medida que realices más, te sentirás mucho más cómodo.

Por otro lado, puedes probar a practicar actividades que te relajen antes de la entrevista como escuchar música, meditación, hacer deporte, hablar con un amigo, leer...

Checklist para preparar tu entrevista

- [ ] Preparo una presentación y las respuestas a las preguntas más frecuentes.

- [ ] Investigo la empresa.

- [ ] Conozco mis fortalezas y debilidades respecto a ese puesto.

- [ ] ¿Qué voy a preguntar al final?

- [ ] ¿Qué experiencias me han ayudado a desarrollarme?

- [ ] Conozco el nombre del entrevistador/ra.

- [ ] Me adapto al dress code de la empresa.

- [ ] Repaso mi CV y sus puntos débiles.

Empieza la entrevista

Una vez que empiece la entrevista, te recomiendo tener en cuenta estas tres indicaciones:

1. **Adáptate a la situación.** Si te está entrevistando una persona muy cercana, puedes serlo tú también; pero si, por el contrario, el reclutador muestra un comportamiento más frío, **intenta adaptarte**. Por eso es importante tanto saber escuchar como saber hablar. Puede ser que te pongan en duda tal y como te conté en la introducción con mi experiencia. **No te hagas pequeño y trata siempre de salvar la situación.**

2. **Presta atención a tu forma de comunicarte verbalmente.** Transmite seguridad en ti mismo y una actitud positiva. **Puedes ver mis recomendaciones en la página siguiente.**

3. **Cuida tu lenguaje no verbal.** En una entrevista presencial, el reclutador está recibiendo muchos estímulos y todos ellos influyen en las etiquetas que te está poniendo. No solo está recogiendo la información de tus palabras, **sino también la de tus gestos, el tono, las pausas, etc.** Y esto no es porque seamos raros, sino todo lo contrario, es porque somos humanos y no podemos ignorar todos esos estímulos.

Ten una actitud positiva

en tu entrevista de trabajo

❌ EN LUGAR DE		✔️ MEJOR DI
No me gusta mi trabajo	→	Busco trabajar en otro puesto
Odio la carrera que elegí	→	Aunque no fue lo que esperaba, pude aprender...
No tengo experiencia...	→	Puedo aportaros...
Nunca he sabido...	→	Me gustaría aprender
Era una tarea demasiado difícil	→	Aquella tarea era un gran reto
Obvio que el proyecto fracasaría	→	Podría haber sido exitoso si...
Me gustaría ser más creativo, pero...	→	Trabajo mi creatividad...
Odio a mi jefe	→	Me gustaría trabajar bajo un liderazgo positivo
Era un equipo desastroso	→	Era necesario mejorar la organización del equipo

Transmite seguridad
en tu entrevista de trabajo

❌ EN LUGAR DE		✔ MEJOR DI
Creo que puedo	→	Yo puedo
Estoy muy nervioso	→	Estoy muy contento de estar aquí...
«Mm», «eh», «espera»...	→	Buena pregunta, dame un minuto para pensarlo
No sé hacer eso	→	Puedo aprender sobre ello e informarme
Me cuesta decir cosas buenas de mí mismo	→	Soy una persona creativa [evidencia]
Se logró un gran aumento	→	Logré/Logramos un aumento del 5 %
No tengo ninguna pregunta/duda	→	¿Podría haceros un par de preguntas?
¿Cómo me habéis visto?	→	¿Cuáles serían los siguientes pasos?

Preguntas más frecuentes en una entrevista

 1   2   3

		¿Qué buscan?	¿Cómo contestar?	Errores a evitar
☞	Háblame de ti	Hacerse una idea general sobre ti	Estudios/profesión + fortalezas + motivación por ese puesto	Hablar de aspectos personales y no profesionales
💡	¿Cuál es tu mayor debilidad?	Evaluar tu nivel de reflexión y autocrítica	Elige una y añade cómo trabajas ese aspecto	Elegir una competencia central para ese punto
⏳	¿Dónde te ves en 5 años?	Saber si tus planes son compatibles con los de la empresa	Habla de lo que te gustaría haber aprendido	Mostrarte cerrado a un futuro en esa empresa
💪	¿Por qué debería contratarte?	Conocer tus fortalezas respecto al puesto y motivación	Evidenciar tus fortalezas de cara a ese puesto	Pecar de humilde, es el momento de venderse
♡	¿Por qué te gustaría trabajar aquí?	Nivel de motivación y conocimiento sobre la empresa o puesto	Haz referencia al aspecto que más te motiva de la oferta	Hablar de aspectos muy generales. Ejemplo: «Necesito un trabajo»
?	¿Tienes alguna pregunta?	Resolver tus dudas y saber si tienes algo que aportar	Realizar preguntas relacionadas con el sector o empresa	No hacer ninguna pregunta

Accede a un artículo con las preguntas más frecuentes en el QR del final.

Otras preguntas de entrevistas en rojo

1. Preguntas ilegales

En España, según el artículo 14 de la Constitución, se prohíbe la discriminación por razón de nacimiento, raza, sexo, religión, opinión o **cualquier otra condición o circunstancia personal o social**.

Respecto a cómo reaccionar ante preguntas ilegales, lo primero que tienes que saber es que estas preguntas son una **«red flag»** enorme que ya te advierte de que esa empresa no será un gran lugar para trabajar. Una vez aclarado esto, tienes tres opciones:

a. **Negarte a contestar** alegando que son preguntas no relacionadas con el puesto. Es la mejor opción, pero lo más seguro es que te descarten, ya que si te hacen esas preguntas es porque son relevantes para ellos. Aun así, tampoco habrás perdido tanto: trabajar en un ambiente seguramente tóxico.

b. **Contestar a la pregunta sin contestar.** Por ejemplo, si te preguntan: «¿Tienes pareja?», puedes responder: «Ahora mismo lo más importante para mí es mi trayectoria profesional, por ello estoy aquí».

c. Contestar de forma concisa con un sí o un no y **redirigir la conversación hacia otros aspectos relacionados con el puesto**.

Elijas la opción que elijas, siempre podrás, al salir de la entrevista, dejar tu opinión en páginas como Glassdoor o Google para así poder compartir tu experiencia.

2. Preguntas de incidentes críticos: usa el método STAR

El objetivo de estas preguntas tan habituales es evaluar tus competencias. Las más habituales son: «¿Cuál ha sido tu mayor logro?», «Dame un ejemplo de una situación donde te equivocaras», «Háblame de algún momento donde trabajaste en equipo para lograr un objetivo», «Háblame de una situación que te resultara especialmente complicada a nivel profesional»...

La mejor técnica para responder de forma efectiva y concisa a estas preguntas comportamentales **es el método STAR**, que establece que debemos usar siempre la misma estructura para contestar a ese tipo de preguntas. Te pongo un ejemplo con la pregunta: **¿cuál ha sido tu mayor logro?**

- **Situación. Empieza contextualizando de manera clara y concisa lo ocurrido.** «En la universidad cursé la asignatura de Contabilidad y, para mí, los números han sido siempre una asignatura pendiente. Aun así, quería lograr una buena nota y mantener la media en mi expediente académico».
- **Tarea.** A continuación, **especifica cuáles eran tus responsabilidades y qué objetivo te marcaste**. «Me propuse conseguir un notable en esa asignatura y mantener así una media alta en la carrera».
- **Acción. Explica las acciones concretas que realizaste para alcanzar ese objetivo o resolver el problema.** «Establecí que dedicaría 30 minutos diarios a la materia y cada semana fui al despacho de la profesora a resolver mis dudas».
- **Resultado. Es tu momento de brillar y de compartir los resultados que conseguiste gracias a tus acciones.** «Al final, obtuve un 8,3 y hasta la profesora me felicitó por mi evolución. Desde entonces, tengo una mejor relación con los números».

3. Preguntas extrañas

A veces algunos reclutadores se ponen **un poco más creativos en las entrevistas**. Te pueden hacer preguntas como: «¿Cuántas pelotas caben en un autobús?» o «¿Cómo le explicarías el color amarillo a un ciego?». Su objetivo es ver tu reacción ante una situación incómoda y analizar tu proceso de razonamiento. **Te recomiendo que sigas estos pasos para responder:**

- **Tranquilidad.** Sé consciente de que no hay una respuesta correcta.
- **Pide unos minutos.** Ante este tipo de preguntas, es bueno y normal pedir un momento para pensar la mejor respuesta.
- **Haz tú también preguntas.** Puedes preguntar de qué tamaño serían las pelotas que tienen que caber en un autobús.
- **Pide recursos.** No te cortes si, por ejemplo, quieres buscar el volumen de una pelota de tenis. Pregunta si puede darte unos minutos para buscarlo en el móvil.
- **Arriésgate a dar una respuesta, pero siempre argumenta tu decisión.** Es importante demostrar que tenemos en cuenta diferentes factores y no hemos dado una respuesta aleatoria. Por ejemplo: le explicaría el color hablándole de la sensación que transmite, como la energía, calidez...

4. Dinámicas grupales

Hoy en día, las dinámicas grupales son muy habituales como primer filtro, ya que permiten a las empresas tener un primer contacto y conocer si cuentas con ciertas competencias. Para superar este proceso recuerda:

- **No competir.** Como no es una entrevista final y habrá varios seleccionados, el resto de los candidatos no son tus competidores, sino que son tus compañeros de experiencia. De hecho, las entrevistas grupales son un gran momento para hacer conexiones profesionales.
- **Escucha activa.** Cuando el resto de los participantes hablen, presta atención, mantén el contacto visual, asiente... Te recomiendo también hacer referencia a sus puntos de vista cuando des el tuyo (y ya si incluyes su nombre, mejor que mejor).
- **Participa.** Aunque es más importante escuchar, si no participas, no podrán valorarte. Es imprescindible que te hagas oír (respetando los turnos de palabra, por supuesto).

Capítulo 6

—

Resiliencia
¿Qué pasa después de la entrevista?

*Salí de mi primera entrevista como becaria de recursos humanos muy emocionada porque, pese a esos ciertos momentos incómodos, **creía que podía ser la elegida**. Me aseguraron que en una semana terminarían el proceso y me avisarían tanto **si había sido seleccionada como si no**. Después de una semana, empecé a estar muy pendiente del móvil. Cada vez que sonaba el teléfono me sobresaltaba, me dormía revisando que el teléfono estuviera con el máximo volumen por si me llamaban muy temprano, y créeme si tardé más semanas de las que debería en darme cuenta de que ese teléfono no iba a sonar. **Obviamente, en ciertos momentos, pensé en llamar porque no tenía el correo**, pero empezaba a pensar que parecía demasiado desesperada, **sentía vergüenza**... Ahora sé que no hay nada más normal y natural que querer informarte sobre el estado de tu candidatura. En aquel momento era verano y no había ninguna otra oferta de empleo publicada que me interesara, **por eso me agarraba a esa ilusión como a un clavo ardiendo**. Hubiera sido mucho más beneficioso para mí haber invertido todo ese tiempo que pasé imaginando o decidiendo si los contactaba en otras tareas como hacer autocandidaturas, investigación, marca personal... **Supongo que debía vivirlo así para poder aprender de mis propios errores y también compartirlos contigo.**

La búsqueda de empleo no termina con la entrevista, sino que ahí empieza uno de los momentos más críticos y donde nos sentimos más vulnerables: dudamos de nosotros mismos y no sabemos qué se espera de nosotros. Por ello, en este capítulo vamos a imaginar todos los posibles escenarios para **guiarte de la mejor manera en cada uno de ellos**.

¿Qué hacer después de una entrevista de trabajo?

Después de realizar una entrevista de trabajo, puedes encontrarte en una de estas dos situaciones:

1. Haber perdido el interés en esa oportunidad laboral o tener dudas

Al contrario de lo que solemos creer, la entrevista de trabajo es bidireccional. La empresa tiene que decidir si ese candidato cumple su perfil y el candidato debe cerciorarse de que esa oportunidad laboral se ajusta a lo que busca profesionalmente. Uno de los aspectos determinantes a la hora de decidir si abandonas un proceso de selección es el ambiente laboral que percibas. Para detectar si puede tener un ambiente tóxico, he recopilado lo que para mí son las «red flags» más evidentes y su traducción:

- **«Aquí no hay hora de salida».** «No te vamos a pagar las horas extra y olvídate de tu vida personal».
- **«Necesitamos personas que trabajen bien bajo presión».** A menos que sea algo implícito al puesto o sus funciones, esto significa: «Hay un gran volumen de trabajo y no vamos a contratar a más gente, así que te vamos a presionar para que saques todo adelante de forma rápida».
- **No son claros contigo y, cuando les haces preguntas sobre el contrato o las expectativas de futuro, evitan contestarte con claridad.** Esto significaría: «No queremos darte detalles para que no te eches atrás o no queremos perder tiempo contigo por-

que no nos importa que estés cómodo o no». Lo adecuado es que antes de aceptar una oferta tengas claro el tipo de contrato, salario, beneficios, oportunidades de crecimiento...

- **Te presionan para que aceptes la oferta.** «Aquí la gente se mata por que la contratemos, así que considéralo una oportunidad única». Esto significa: «No encontramos a nadie, así que, por favor no te lo pienses dos veces que te necesitamos».
- **Hablan mal de anteriores o actuales empleados.** Por ejemplo: «El que estaba en este puesto renunció porque no daba el nivel». Esto significa: «Una vez que te incorpores, tardaremos menos de una semana en hablar así de ti en esos términos».
- **Nuestros salarios son bajos** porque si no es imposible tener beneficios.
- **No compartas tu salario con el resto de tus compañeros.**
- **Te hacen preguntas personales**: «¿Piensas tener hijos?», «¿Estás casado?». Esto significa: «No respetamos tu vida personal y tampoco lo vamos a hacer cuando trabajes aquí» o «Queremos saber si hay alguna razón para discriminarte y descartarte del proceso de selección».

Como conclusión, yo huiría de cualquier puesto donde me sintiera incómodo durante la entrevista. Piensa que la manera en la que te tratan siendo candidato será similar al trato que te darán cuando pertenezcas a la empresa.

Aun así, soy consciente de que la excesiva presión que se sufre cuando carecemos de empleo puede ocasionar que nos sintamos desesperados y aceptemos cualquier oferta.

Mi recomendación es que, si puedes permitirte estar un periodo de tiempo sin trabajar, **esperes a encontrar una oportunidad adecuada a tus necesidades**. Recalco «si puedes permitirte», porque soy consciente de que muchas personas necesitan con urgencia unos ingresos para comer, pagar el alquiler... Si ese fuera tu caso, entiendo perfectamente que aceptes la primera oferta de empleo donde te seleccionen, **pero te animo a que no ceses en tu búsqueda de trabajo**.

En caso de tener dudas respecto a si seguir en un proceso o no, te recomiendo que jamás vayas a una siguiente entrevista por ir, **ya que haces perder un valioso tiempo al reclutador y a ti mismo**. Además, percibirán tu desmotivación y te descartarán.

Lo recomendable es que resuelvas tus dudas y para ello analices bien lo que te están ofreciendo.

Revisa las reflexiones que realizaste en el primer capítulo y observa si esa oportunidad **encaja con tus necesidades**. Si finalmente tomas la decisión de abandonar el proceso, es imprescindible que lo comuniques cuanto antes dejando una buena imagen, ya que la vida da muchas vueltas. Puedes enviar un e-mail similar a este, **pero adaptándolo a tu situación concreta**:

Asunto: Entrevista de trabajo — [Denominación del puesto] - [Tu nombre y apellidos]

Buenas tardes, **[nombre entrevistador/a]**:

Muchísimas gracias por tu tiempo en la entrevista de ayer. Ha sido muy enriquecedor conoceros y aprender tanto sobre vuestra compañía. Desafortunadamente, después de pensarlo mucho he decidido abandonar el proceso de selección debido a que no se alinea con mis objetivos profesionales. Ha sido una decisión difícil para mí, ya que realmente admiro vuestra compañía y considero que es una gran oportunidad. Si hay algo que pueda hacer por vosotros o consideráis que alguien de mi red de contactos encaja en el puesto, házmelo saber.

Estamos en contacto.

Nombre y apellidos
Teléfono
E-mail

2. Confirmas tu interés por esa oferta de empleo

Si durante la entrevista confirmas que esa oportunidad es interesante a nivel profesional, lo mejor es que aproveches **la ocasión de aumentar el valor de tu candidatura**. Toma la iniciativa y envía un agradecimiento en las 24 o 48 horas posteriores a la entrevista. Puedes hacerlo a través del correo o localizar al entrevistador en LinkedIn y enviarle una petición para conectar. De ambas formas, **consigues que el reclutador se acuerde de ti**, así como de tu motivación, valor y profesionalidad. A continuación, te dejo un ejemplo de lo que puedes incluir en ese agradecimiento para aumentar el valor de tu candidatura:

Asunto: Entrevista de trabajo — [Denominación del puesto] - [Tu nombre y apellidos]

Buenos días, **[nombre entrevistador/a]**:

Gracias por tu tiempo en nuestra entrevista de ayer. **[Nombre de la empresa]** parece un excelente lugar donde trabajar y estoy realmente entusiasmado ante la posibilidad de formar parte de vuestro equipo.
Te adjunto aquí el link al **[artículo]** del que hablamos en la entrevista y me encantaría conocer tu punto de vista.
Gracias por todo, si necesitas más información, puedes ponerte en contacto conmigo por correo o por teléfono.
¡Feliz fin de semana!

Nombre y apellidos
Teléfono
E-mail

Además del saludo inicial y la despedida, es esencial que incluyas el agradecimiento **por el tiempo que han invertido en ti**. Asimismo, debes darle una razón al seleccionador para que te recuerde, pero huyendo de mensajes generales, sino que debes ser específico para que tenga efecto. Apórtale algún dato que le recuerde que **eres un candidato potente para el puesto, lo cual puedes conseguir de dos formas**:

A. Primero, añadiendo información de valor sobre tu perfil **que no pudieras señalar durante la entrevista**. Por ejemplo: si no supiste qué contestar cuando te señalaron su preocupación sobre tu poca práctica con cierto programa. Después de pensarlo mejor, tienes otra oportunidad para convencerlos, hablándoles sobre qué otros programas parecidos manejas o si has realizado una formación sobre el mismo.

B. Segundo, ampliando la información sobre algo que tratarais durante la entrevista. Mejor si es algo de lo que pienses que no habló con ningún otro candidato **para que vuelva a recordar tu candidatura**.

Siempre termina el correo con una llamada a la acción. Indica que puede contactarte en caso de que necesite ampliar la información.

¿Cómo lidiar con la espera y el rechazo?

Pasado un tiempo desde la entrevista de trabajo pueden producirse diferentes escenarios y es necesario prepararse para todos ellos. Uno de los peores y más habituales es no recibir ningún tipo de señal por parte de la empresa. **¿Cuántas veces has esperado esa llamada que no llega?**

En estos casos, lo ideal es no obsesionarse con esa oportunidad laboral, sino seguir buscando otras oportunidades interesantes.

En caso de que haya pasado ya una semana desde la entrevista y te sea imposible sacarte de la cabeza esa oferta, te recomiendo que envíes un correo.

Si han tomado ya una decisión, significaría que se les ha olvidado avisarte y verán normal que les contactes. En cambio, si no han tomado una decisión, el e-mail pondrá en evidencia tu motivación. Lo peor que te puede pasar es que no te contesten y esto solo implicaría la gran falta de profesionalidad por parte de la empresa.

A continuación, tienes una plantilla de mensaje:

Plantilla de correo para preguntar por el estado de la candidatura

---

Asunto: Entrevista de trabajo — [Denominación del puesto] - [Tu nombre y apellidos]

Buenos días, **[nombre entrevistador/a]**:

Me gustaría darle las gracias otra vez por la interesante entrevista
del pasado día **[día de la entrevista]**, para el puesto de **[nombre del
puesto]**. Quedé muy satisfecho después de nuestra conversación,
ya que considero que mi perfil se ajusta a lo que estáis buscando y podría
hacer un aporte diferencial a vuestro proyecto.
Es por ello que me gustaría informarme sobre el estado actual del proceso.

Muchas gracias de antemano.
Nombre y apellidos
Teléfono
E-mail

Otro posible escenario es recibir una llamada o mensaje de la empresa informándote de que has sido descartado del proceso de selección. **Suele ser un momento amargo**, sobre todo cuando nos hemos ilusionado con esa oportunidad. Lo más habitual es que surjan pensamientos como: «Nunca voy a encontrar trabajo», «Ninguna oportunidad será igual de buena», «Soy un desastre, por eso nunca me contratan», «Seguro que fue porque contesté mal esa pregunta» **y nada dista más de la realidad, que es la siguiente**:

A. En las ofertas de empleo hay muchísima competencia y que llegues a esa fase final **ya es un triunfo**.

B. Para cubrir un puesto no se basan simplemente en el «valor profesional», sino también en ciertos criterios específicos del puesto o empresa. Es posible que tengas un gran valor profesional y que, además, hayan sido conscientes de ello, pero que para ese puesto buscaran a una persona que tenga otras cualidades diferentes **(que no mejores)**. A veces pueden ser criterios arbitrarios como estos: vive más cerca, tuvo un mayor feeling con el responsable del área o se piensa que se puede adaptar mejor al equipo de trabajo. **Te pongo un ejemplo**: al inicio de mi trayectoria hice tres entrevistas para una gran empresa de seguros y estaba eufórica con esa oportunidad. Pasó una semana, pregunté por el proceso y me comunicaron que no habían tomado una decisión aún. De hecho, jamás obtuve una respuesta por su parte, pero a los pocos días volví a ver la misma oferta que había solicitado, **solo que había un pequeño cambio**: en los requisitos aparecía: «Posibilidad de firmar convenio». Ahí me di cuenta de que me había estado minusvalorando durante la espera y era obvio que la razón principal era que simplemente no podía firmar un convenio. En conclusión, **un descarte no significa que no tengas un gran valor profesional**.

C. Los reclutadores tratamos de ser objetivos, **pero somos personas y también podemos tomar una decisión equivocada**. Es probable que tú fueras una gran opción, pero no hayan podido ver tu potencial.

¿Cuántas personas talentosas han sido rechazadas múltiples veces antes de triunfar?

Mismamente, a **Steven Spielberg** lo rechazaron en la Escuela de Artes Cinematográficas de la Universidad del Sur de California varias veces y terminó consiguiendo **tres premios Óscar,**

cuatro Emmy, seis Globos de Oro... **Gisele Bündchen** fue rechazada 42 veces antes de convertirse en la modelo mejor pagada del mundo. **Oprah Winfrey** fue despedida de su primer trabajo como reportera en la televisión local antes de ser una de las comunicadoras más importantes, ganar múltiples premios y ser considerada **una de las mujeres más influyentes en Estados Unidos**.

Por tanto, lo más importante a la hora de recibir un descarte es cuidar nuestra autoestima,

pero sin perder la oportunidad de mejorar en nuestras entrevistas. Obviamente, vamos a reflexionar sobre **qué podemos mejorar**, y tener cierta autocrítica es la clave para lograr el éxito. Una gran oportunidad que no debemos dejar pasar para mejorar es **pedir feedback a la persona que nos ha descartado**. Muéstrate agradecido y abierto a recibir cualquier indicación o consejo, porque es quien puede darte los mejores. A continuación, **te dejo un ejemplo de correo**:

Descárgate todas las plantillas de los e-mails en el QR del final.

Asunto: Entrevista de trabajo — [Denominación del puesto] - [Tu nombre y apellidos]

Estimado **[nombre entrevistador/a]**:

Gracias por comunicarme la decisión tan pronto como ha podido.
Ha sido un placer participar en este proceso de selección donde he
podido conocer más sobre **[nombre de la empresa]** y los proyectos
que están llevando a cabo. Por todo ello, me encantaría que me tuvieran en
cuenta para futuras vacantes donde consideren que mi perfil
y competencias encajen.
Por último, me gustaría transmitirles que estoy abierto a cualquier tipo
de feedback sobre mi proceso de selección, ya que estoy seguro de que
me será muy útil para mi búsqueda de empleo.
Gracias por su tiempo y consideración.

Nombre y apellidos
Teléfono
E-mail

Capítulo 7

Adaptabilidad
Llega el sí, ¿y ahora qué?

*Podemos decir que **nunca he tenido un gran primer día de trabajo**. Durante mi tercer año de carrera, empecé en mi primer trabajo estable. Soy una persona muy entusiasta y ese empleo me hacía muchísima ilusión porque era una empresa textil de la que era una gran admiradora. El trabajo consistía en que me probara diferentes pantalones para que pudieran fotografiarlos para la página web. **Las condiciones eran idóneas**: solo tenía que acudir un día a la semana, por lo que podía compatibilizarlo con mis estudios, podía utilizar el autobús de la empresa, el salario era justo lo que buscaba... **Estaba en una nube y el recibimiento fue magnífico**: me hicieron un recorrido por la empresa, todo el mundo era muy acogedor, me explicaron en detalle lo relacionado con la contratación...*

*Llegó el momento de realizar las fotos y comencé a probarme varias prendas. De la primera falda solo tenían la talla 34 y traté de ponérmela, sin éxito. El siguiente pantalón sí que era mi talla y, cuando se la enseñé a la estilista, me di cuenta de que **no le convencía del todo**. Aun así, el fotógrafo comenzó a hacer las fotos, pero en una especie de silencio, lo que **contribuyó a aumentar mi inseguridad**. La siguiente hora que pasé probándome el resto de prendas fue más de lo mismo: algunas eran una talla más pequeña y otras sentía que no las veían bien en mí. Recuerdo que estaba sudando y ya no sabía si era de los nervios o de pelearme con las prendas.*

***La cuestión es que solo pensaba una sola cosa en bucle**: «Estoy en periodo de prueba y me van a despedir». Salí aquel día de trabajar con una sensación muy desagradable porque pensaba que no era buena para ese trabajo y en parte por el contraste con mis altas* *expectativas. Si te lo estás preguntando, no me despidieron, sino que me renovaron el contrato a los seis meses y lo cierto es que **viví grandes momentos trabajando para esa empresa**. Así que sí, hay primeros días desastrosos, **pero esto ocurre porque no hay trabajos perfectos**. Todos tienen aspectos que mejorar y en cierto modo es también nuestra responsabilidad poner de nuestra parte para sentirnos más cómodos en ellos. El objetivo de esta historia no es desilusionarte, sino todo lo contrario, **conseguir que no te desmotives si un primer día no cumple con tus expectativas**.*

Decidir entre dos o más ofertas de empleo

Después de la constancia y los descartes, por fin llega el día en el que te seleccionan, pero sorprendentemente **otra empresa te da también esa respuesta que tanto esperabas**. Para poder tomar una buena decisión eligiendo entre dos o más ofertas, debes evaluar si esa oportunidad se alinea con tus objetivos profesionales. Lo más importante es ser honesto con uno mismo y pensar tanto en los objetivos a corto como a largo plazo. Por ejemplo: **si buscas un crecimiento a nivel profesional**, será más recomendable elegir el empleo que tenga **más oportunidades de que te ayude a desarrollarte en ese sector** y no el que tiene un mayor salario, pero escasas posibilidades de crecer. Si, en cambio, valoras tener **estabilidad**, elegirás aquel empleo que te ofrezca un **proyecto más a largo plazo** sobre otros factores.

Normalmente, en esos momentos la intuición también nos guía en función de cuál nos motiva más,

dónde nos imaginamos más felices o dónde nos hemos sentido más cómodos.

Aun así, te recomiendo que también realices el siguiente ejercicio para tener una visión **más objetiva**. Se trata de hacer una lista con los atributos que valoras en un puesto de trabajo ordenados **según tu preferencia**. Otorgarás una puntuación a cada una de las oportunidades y de este modo será **más evidente cuál se adapta mejor a ti**. Si tienes dudas y quieres ampliar tu información en algún aspecto, es una gran idea contactar por LinkedIn a antiguos empleados de esas empresas para preguntarles sobre su experiencia. Algunos aspectos que puedes tener en cuenta son:

- Salario.
- Incentivos.
- Oportunidades de promoción dentro de la empresa.
- Ambiente laboral.
- Compatibilidad con el responsable o equipo.
- Cultura y valores de la empresa.
- Reputación y posibilidades de expansión de la empresa.
- Crecimiento profesional.
- Equilibrio con la vida personal.

Una vez que tomes una decisión, **debes notificarlo lo antes posible** y puedes adaptar para ello la plantilla que antes vimos para rechazar a una empresa.

Voy a incorporarme a la empresa: ¿qué debo hacer?

El final de la búsqueda de empleo activa es el inicio de otro camino. No me voy a despedir sin antes aconsejaros cómo empezar con buen pie en vuestro nuevo empleo.

En tus primeros días de trabajo necesitas:

1. **Cuidar tu primera impresión.** Asegúrate de llegar a tiempo, **enumera tus dudas para resolverlas**, revisa qué documentación te han pedido, prepara una libreta y bolígrafos. Practica tu «elevator pitch», porque **vas a presentarte una infinidad de veces**.

2. **No avergonzarte por tener dudas.** Durante la etapa de adaptación es más importante observar y aprender de tus compañeros que actuar directamente si tienes dudas. De hecho, lo habitual es que tengas **diversos cursos formativos**, pero, aun así, si te surgen preguntas, no las reprimas.

3. **Construye una buena relación con tus compañeros.** Son las personas que más te pueden ayudar a sentirte cómodo, así que come con el equipo, **memoriza el máximo de nombres posible**, escucha sus necesidades y trata de aportarles algo.

4. **Olvídate de las inseguridades.** Si te han elegido es porque mucha gente ha visto en ti el talento necesario. **No te vengas abajo por no saber realizar una tarea o por cometer un error**, lo más importante es que pongas una buena actitud y confíes en ti al igual que en la entrevista.

5. **No caigas en el desencanto del primer día.** Es normal que, cuando llegamos el primer día con todas nuestras ilusiones y expectativas, podamos en parte tener un baño de realidad. Un primer día puede llegar a ser abrumador, pero tienes que tener en cuenta que **todo necesita un periodo de adaptación**. En caso de que durante las primeras semanas te sientas incómodo respecto a ciertos aspectos, no dudes en hablar de forma asertiva con

tu responsable para comprender el funcionamiento de la empresa y **poder sentirte más cómodo en tu puesto de trabajo**.

6. **No te quedes atrapado en una empresa por el qué dirán.** Si durante las primeras semanas no estás bien en tu puesto y has tratado de comunicar tu situación al responsable sin haber recibido respuesta, no te condenes a ti mismo a seguir allí por **tener miedo a que futuras empresas te descarten** por haber trabajado un periodo tan corto. **Ningún empleo se merece poner en riesgo nuestra salud mental y física.** Por tanto, puedes empezar a buscar un nuevo empleo mientras trabajas o presentar la baja voluntaria. Las futuras empresas que te entrevisten entenderán que, si esa oportunidad no se ajustaba a tus expectativas, lo lógico es que **tomaras la decisión de abandonarla**; o incluso, si no te apetece tratar ese tema, puedes eliminar una experiencia tan breve de tu currículum.

Por último, te voy a pedir un favor que va a beneficiar a tu trayectoria profesional: cuando encuentres ese empleo que tanto anhelas, **no olvides todo lo que hemos construido a lo largo de los anteriores capítulos**. Ya no es lo habitual entrar en una empresa y trabajar hasta tu jubilación. Por tanto,

no esperes a perder tu trabajo o querer cambiar para empezar a buscar de cero, sino que continúa invirtiendo en tu red de contactos y en tu marca personal, porque eso te ayudará a crecer profesionalmente y acceder a las ofertas del mercado oculto.

Haber encontrado ese trabajo que tanto quieres no impedirá que vuelvas a vivir momentos en los que pienses: **«¿Qué hago con mi vida?»**. De hecho, te serán de gran utilidad, porque, gracias a ellos, llevarás a cabo **grandes cambios profesionales en tu vida** y espero que este libro **te acompañe** en la mayoría de ellos.

Agradecimientos

En primer lugar, me gustaría dar las gracias a mi madre, Paz, por criarme con tanto amor, generosidad e inmenso apoyo. A mi padre, por estar siempre a mi lado y ser un ejemplo de entrega en todos los ámbitos. Gracias a mi hermana Alba, por quererme como nadie en este mundo y ser la primera en leer todos los capítulos. También a mis abuelos, Amparo, Natividad, Gaspar y Salvador, por esos veranos de piscina y bocadillos de nocilla. ¡Os quiero!

En segundo lugar, gracias a Uxío por ser mi compañero en esta aventura y ayudarme a que este sea el libro de mis sueños. También a tu familia, Andrés, Claudina y sobre todo a Aldara, por inspirarnos cuando se trata de perseguir sueños y tener un impacto positivo en el mundo. Tampoco me olvido de Rumpelstiltskin, Coco y Pachín.

A mis tíos Nieves y Rafa, gracias por acogerme con tanto cariño en vuestra casa cuando decidí irme de becaria a Vigo cobrando 300 euros. También al resto de la familia por su amor y apoyo incondicional: Andrés, Rafa, Alicia, Adrián, Uxía, Pedro, Antón, Nico y Lara.

Gracias a Félix, por tu sonrisa eterna, que siempre nos acompaña; también a Marinela, Ahinoa, Eduardo y María Sofía. A mi familia de Mallorca, gracias por vuestro apoyo aunque estéis lejos.

Gracias a Cristina, por todas las aventuras que hemos vivido juntas y las que nos quedan.

A Javi, por enseñarme que el esfuerzo y la constancia siempre tienen su recompensa.

A Richi, gracias por sacarme siempre una sonrisa y a Xaquín también.

Alejandro y Lucía, gracias por invertir vuestro talento en que este proyecto salga adelante.

También gracias a Sara, Noemí y Lilis, por ser mi familia en Madrid e inspirarme con vuestra iniciativa y determinación.

Gracias a las personas de la oficina de Gi Group en Vigo, por darme la primera oportunidad en el mundo de los recursos humanos, en especial a Araitz y Jesús.

A las personas del Bricomart de Majadahonda, gracias por hacerme sentir como en casa estando tan lejos de la mía, en especial a Julián, Rubén, Olalla y Jorge.

Gracias a Montena por ofrecerme esta oportunidad y confiar en mí.

Para terminar, doy infinitas gracias a todas las personas que me apoyáis en redes sociales, sin vuestra confianza este libro no existiría, y gracias a ti, que estás leyendo esto... Te agradezco que me dediques lo más preciado que tiene el ser humano: tu tiempo. ¡Enhorabuena por tener la iniciativa de embarcarte en este libro y dar el primer paso de tu próxima aventura profesional conmigo!